Mentor

Lektüre · Durchblick

Band 324

FRIEDRICH DÜRRENMATT

Der Besuch der alten Dame

Von Dr. Hans-Martin Möller

Mentor Verlag München

Willkommen bei »Lektüre · Durchblick«!

Sie lesen gerade den »Besuch der alten Dame« im Deutschunterricht?

Dann finden Sie hier in knapper und verständlicher Form – oft auf besonders übersichtlichen Doppelseiten – genau die Informationen, die Sie jetzt brauchen.

Sie werden sehen: Wenn Sie sich mit diesem Hintergrund den »Besuch der alten Dame« nochmals vornehmen, steht dem vollen Durchblick nichts im Wege. Denn je mehr Sie schon wissen, desto mehr entdecken Sie selbst im Text – und so macht Deutsch-Lektüre erst richtig Spaß!

Viel Erfolg!

Autor und Verlag

Alle Zitate nach:
Friedrich Dürrenmatt: Der Besuch der alten Dame
Eine tragische Komödie, Neufassung 1980

(Diogenes Taschenbuch 20835)

Der Autor:
Dr. phil. Hans-Martin Möller, Gymnasiallehrer für Deutsch, Französisch und Sozialkunde

Inhalt

Die Thematik

»Der Besuch der alten Dame« ist die Geschichte der käuflichen „Gerechtigkeit“ und korrumpierbaren „Moral“, der Verführbarkeit der Menschen durch das Geld. Die uralte Thematik von Schuld, Rache und Sühne wird neu inszeniert vor dem Hintergrund des hemmungslosen Kapitalismus.

Auftragsmorde sind heutzutage billiger denn je zu haben. In Zeiten organisierter Kriminalität, in denen Mafiabanden ihre Einflussbereiche in blutigen Auseinandersetzungen abstecken, sinkt der Marktwert für ein Menschenleben.

Haben ist uns wichtiger als Sein; in unserer Konsumgesellschaft sind Ansehen und Besitz untrennbar miteinander verbunden. Scheckbuch und Kreditkarten öffnen jede Tür. Die Korruption frisst sich in unsere Gesellschaft wie ein Krebsgeschwür. Für Geld ist alles zu haben: Waren und Dienstleistungen aller Art – Sex, Drogen, Waffen, Baugenehmigungen inklusive.

Ist diese Entwicklung aufzuhalten? Stehen nicht unsere Erziehung, unsere Kultur und humanistische Tradition, die Kirchen, die Politik, die Polizei und die Justiz dagegen?

Friedrich Dürrenmatt ging dieser Frage schon in den 50er-Jahren auf den Grund. Er brachte eine steinreiche Frau auf die Bühne, die erbarmunglos „Gerechtigkeit“ kaufen will – oder das, was sie dafür hält.

Die Schärfe von Dürrenmatts Gesellschaftskritik besteht nicht allein darin, dass eine ganze Stadt der Versuchung des plötzlichen Reichtums erliegt, sondern auch und vor allem darin, dass ein bezahlter Mord vorgeblich im Namen von Moral und Gerechtigkeit verübt wird.

Die Handlung in Kürze

Eine schwangere junge Frau wird von ihrem Freund sitzen gelassen und landet im Bordell. 45 Jahre später kehrt sie als Milliardärin an den Ort ihrer Schande zurück, um Rache zu nehmen. Sie macht die Bürger ihrer Heimatstadt zu Killern: eine Milliarde für die Leiche ihres Ex-Geliebten.

Als die goldbehangene Claire Zachanassian mit dem etwas schrillen Outfit in dem heruntergekommenen Städtchen Güllen ankommt, ahnt Alfred Ill noch nicht, dass ihn in Gestalt dieser alten Dame sein Schicksal eingeholt hat.

Er und Klara Wäscher, so der Mädchenname der Besucherin, hatten vor Jahrzehnten eine leidenschaftliche Liebesbeziehung; doch als die junge Frau ein Kind erwartete, stritt Alfred Ill die Vaterschaft ab. Klara verließ Güllen und wurde zur Hure, bis der Ölmilliardär Zachanassian sie heiratete.

Seitdem ist ihr Männerverschleiß – allein im Verlauf des Stücks heiratet sie zum 8. und 9. Mal – ebenso enorm wie ihr Reichtum. Systematisch hat sie unerkannt Güllens Industrie aufgekauft und stillgelegt. Die Bürger nagen am Hungertuch und erhoffen sich von der Milliardärin großzügige Unterstützung. Ill soll seiner Ex-Geliebten Herz und Portemonnaie öffnen.

Das Hilfsangebot der Claire Zachanassian ist allerdings unerhört: eine Milliarde für Ills Leiche. Der Aufschrei der Empörung verhallt schnell angesichts der Verlockungen des Konsums auf Pump. Weder die humanistischen Werte noch die Kirche oder der Rechtsstaat vermögen zu verhindern, dass der Mord geschieht. In Anwesenheit der Presse, die sich nur allzu gern frisierte Wahrheiten auftischen lässt, verurteilen die Güllener Alfred Ill zum Tode und bringen ihn um: *Nicht des Geldes – sondern der Gerechtigkeit wegen* (S. 126).

Die Personen

Schon in dem Personenverzeichnis, das Dürrenmatt dem Text vorangestellt hat, wird deutlich, dass im Folgenden zwei Hauptgruppen die Handlung des

Die Besucher

Sie sind schrill, außerhalb der gängigen Norm, skurril, Furcht erregend – und werden dennoch sehnsüchtig erwartet.

Gatte VII

Gatte VIII

Gatte IX

Butler

Die Sänftenträger:
Toby
Roby

Die Blinden:
Koby
Loby

Das Gefolge

Claire Zachanassian

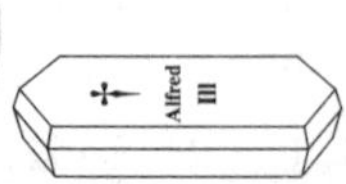

Lästige und

Presseleute
Radioreporter
Kameramann

Stückes tragen werden. Neutral und scheinbar harmlos nennt sie der Autor *Die Besucher* und *Die Besuchten*. Dazu kommen, offenbar als Randfiguren, *Die Sonstigen* und *Die Lästigen*.

Die Handlung

Das Stück spielt in der Gegenwart in der fiktiven Stadt Güllen *irgendwo in Mitteleuropa* (S. 141). Orte der Handlung sind der Bahnhof, eine Waldlichtung, eine Scheune, ein Wirtshaus und ein Laden – alle in und um Güllen.

1. Akt: Arm, aber moralisch

Eine Milliardärin gibt sich die Ehre (S. 13–34)

Fünf heruntergekommene Typen schauen wehmütig den internationalen Expresszügen nach, die donnernd durch den Bahnhof ihres Heimatstädtchens Güllen rasen. Vor Jahren noch hielten diese Züge hier auf ihrem Weg quer durch Europa; doch jetzt ist Güllen zur Bedeutungslosigkeit herabgesunken, eine Insel der Armut inmitten eines (nicht beim Namen genannten) Landes, in dem Hochkonjunktur herrscht. Der gerade eingetroffene Gerichtsvollzieher soll die ganze Stadt pfänden.

Die fünf Männer bereiten den Empfang einer ehemaligen Mitbürgerin vor, die als junges Mädchen Güllen unter traurigen Umständen verließ, es im Lauf der Jahrzehnte aber zur Multimillionärin brachte. Die Güllener hoffen, dass Claire Zachanassian – ehemals in Güllen unter dem Namen Klara oder Kläri Wäscher bekannt – die bankrotte Stadt mit ihrem Geld retten werde.

Die alte Dame erscheint zwei Stunden zu früh, weil sie den D-Zug kurzerhand mit der Notbremse stoppt. Mit ihrer verfrühten Ankunft versetzt sie das Empfangskomitee in Panik, doch ihre souveräne Art – dazu ein ordentliches Schmiergeld – beschwichtigt nicht nur den aufgebrachten Zugführer, sondern entkrampft auch die Honoratioren der Stadt. Ihr ehemaliger Liebhaber Alfred Ill ist dazu auserkoren, der Milliardärin Güllens Notlage zu schildern und sie zu einer großzügigen Spende zu bewegen. Durch freundliche Worte seiner Jugendliebe ermuntert, meint er schon bald zum Rektor des örtlichen Gymnasiums: *Sehen Sie, Herr Lehrer, d i e habe ich im Sack* (S. 25).

Da urteilt der Ex-Liebhaber allerdings vorschnell. Weder er noch die anderen Güllener achten genügend auf die irritierenden Zwischentöne ihrer Worte:

Sie habe sich ihr Leben lang vorgenommen, einmal in ihre Heimatstadt zurückzukehren – das klingt unverfänglich. Ihr Freund von damals sei nicht mehr der schwarze Panther, sondern *fett* und *grau und versoffen* (S. 26) – eine unromantische Richtigstellung, die für ihren Realitätssinn spricht.

Doch spätestens als Claire Zachanassian im Gespräch mit dem Pfarrer die Wiedereinführung der Todesstrafe anspricht (vgl. S. 29), mit dem Arzt über Totenscheine plaudert (vgl. S. 30), dem Polizisten empfiehlt, lieber beide als nur ein Auge zuzudrücken (vgl. S. 28), müsste eigentlich allen Anwesenden etwas dämmern. Dies umso mehr, als sich in ihrem Gepäck neben der Sänfte, in der gnädige Frau sich tragen lässt, auch ein Sarg befindet. Immerhin äußert zumindest der Lehrer eine Vorahnung davon, dass diese alte Dame, die da Güllen mit ihrem Besuch beehrt, nicht einfach nur als Wohltäterin gekommen ist:

> *[. . .] was Gruseln heißt, Bürgermeister, weiß ich erst seit einer Stunde. Schauerlich, wie sie aus dem Zug stieg, die alte Dame mit ihren schwarzen Gewändern.* (S. 34)

Liebesgeflüster im Konradsweilerwald (S. 35–40)

Zunächst aber wird es nicht schauerlich, sondern nostalgisch-intim. Claire und Alfred besuchen gemeinsam den Konradsweilerwald, einen der Orte, an denen sie sich in ihrer Jugend leidenschaftlich liebten.

Ihre Unterhaltung macht deutlich, dass beide mit ihrem Leben nicht glücklich sind. Ill gesteht, er lebe nach Klaras Fortgang *in einer Hölle*; nach eigener Einschätzung ist er ein *verkrachter Krämer in einem verkrachten Städtchen*, ungeliebt von seiner Familie führe er *ein lächerliches Leben* (S. 38). Claire besitzt zwar Unsummen, aber sie behauptet von sich, *die Hölle geworden* zu sein (S. 38).

Ill bittet auftragsgemäß um Hilfe für Güllen, und die Milliardärin sichert zu, sie werde ihre Heimatstadt nicht im Stich lassen. Doch als Ill voller Begeisterung die gemeinsamen Liebeserinnerungen wieder beleben möchte, muss er ernüchternde Entdeckungen machen: Claires Schenkel, auf den er gerührt schlägt, ist eine Prothese und die Hand, die er inbrünstig küsst, aus Elfenbein (vgl. S. 39).

Überhaupt stimmt manches nicht an der romantischen Situation des Tête-à-tête: Die Bäume und Tiere im Konradsweilerwald werden entsprechend der Regieanweisung von Menschen dargestellt; und so falsch wie die Kulisse ist auch Ill, der immer noch versucht, sein Verhalten gegenüber der jungen Kläri Wäscher dreist zu beschönigen: *Ich wollte dein Glück* (S. 37). Claire Zachanassians Entgegnungen auf diese Lügen sind nur scheinbar harmlos. Bereits ihr Hinweis, Ills Kindern werde der *Sinn für Ideale* schon noch aufgehen (vgl. S. 38), ist angesichts ihrer Pläne blanker Zynismus; wenn Ill dann meint, nun werde sich alles ändern, bestärkt Claire ihn mit einem vielsagenden *Gewiß* (S. 38); die Zukunft, die nach Ills scheinheiliger Meinung dem Mädchen Kläri gehörte, sei jetzt gekommen (vgl. S. 37) – wenn auch in einem ganz anderen Sinn, als Ill sich das erhofft. Dabei hätte er nur genau hinhören müssen, was seine Jugendfreundin den Turner fragt: *Haben Sie schon jemanden erwürgt mit Ihren Kräften?* (S. 41)

Um verstehen zu können, worauf Claire Zachanassian eigentlich hinaus will, muss man die Vorgeschichte der tragischen Komödie kennen.

Kläri Wäscher und Alfred Ill – die Vorgeschichte

Ein junger Mann starrt unentwegt ein junges Mädchen auf einem Balkon an: Das Mädchen kann nicht widerstehen und folgt dem jungen Mann in die Felder (vgl. S. 78f.). So beginnt die Liebesgeschichte zwischen Kläri und Alfred.

In der Peterschen Scheune, im Konradsweilerwald und gelegentlich im Bett einer Kupplerin (vgl. S. 44) lieben sich der Neunzehnjährige und seine siebzehnjährige Freundin. Klara wird schwanger, doch Ill bekennt sich nicht zu ihr. Im Gegenteil: In dem Vaterschaftsprozess, zu dem es 1910 unter dem Vorsitz des Oberrichters Hofer kommt, lässt Ill zwei falsche Zeugen auftreten, die für einen Liter Schnaps aussagen, auch mit der jungen Frau geschlafen zu haben (vgl. S. 45–48). Das Fehlurteil des Gerichts macht Klara Wäscher zur Prostituierten (vgl. S. 37). Das Kind, das sie von Alfred erwartet, wird ihr gleich nach der Geburt weggenommen und stirbt ein Jahr später (vgl. S. 49 und 115f.).

Alfred Ill heiratet Mathilde Blumhard *mit ihrem Kleinwarenladen* und Klara *den alten Zachanassian mit seinen Milliarden* (S. 37). 45 Jahre später kommt Claire Zachanassian nach Güllen zurück; das Stück beginnt …

Ein unmoralisches Angebot – eine Milliarde für Ills Leiche (S. 42–50)

Noch ist die Stimmung in Güllen optimistisch. Noch weiß kein Güllener, dass der Niedergang der Stadt das Werk der Claire Zachanassian ist, die systematisch die örtlichen Industriebetriebe aufgekauft und stillgelegt hat. Das ist Teil ihres seit Jahren verfolgten Racheplans gegen Ill und Güllen. Die Stadt wurde von ihr wirtschaftlich ruiniert, um sie für ein ungeheuerliches Angebot empfänglicher zu machen: 500 Millionen für die Stadt und weitere 500, verteilt auf alle Güllener, *wenn jemand Alfred Ill tötet* (S. 49).

Gerechtigkeit für eine Milliarde (S. 49) bedeutet für Claire Zachanassian, dass ihr Jugendfreund sterben muss. Seit Ills Verrat an Klara ist zwar fast ein halbes Jahrhundert vergangen, aber ihr Rachedurst ist ungestillt.

Man kann alles kaufen, lautet ihre Devise, also auch Gerechtigkeit (S. 45). Claire Zachanassians Privatjustiz schert sich nicht um Gesetze, sondern funktioniert ausschließlich nach ihrem Willen – grausam in ihrer Bestrafung, willkürlich in ihrer Gnade, wie ihr Gefolge belegt:

- Aus dem ehemaligen Oberrichter Hofer hat sie ihren Butler Boby gemacht, mit einer phantastischen Besoldung, wie dieser einräumt (vgl. S. 45).
- Die beiden blinden Eunuchen Koby und Loby sind eigentlich Jakob Hühnlein und Ludwig Sparr. Die Milliardärin ließ sie blenden und kastrieren, weil sie in dem Vaterschaftsprozess falsch ausgesagt hatten (vgl. S. 48).
- Bei den beiden Sänftenträger Roby und Toby handelt es sich um zwei Schwerverbrecher, die Claire Zachanassian vom elektrischen Stuhl freigekauft hat (vgl. S. 31).

Als die alte Dame ihre ungeheuerliche Forderung verkündet, verschlägt es den Güllenern die Sprache. Der Bürgermeister findet als Erster die Fassung wieder und lehnt unter riesigem Beifall entrüstet ab: *Lieber bleiben wir arm denn blutbefleckt* (S. 50).

2. Akt: Moralisch oder reich?

Ill kapiert, was gespielt wird (S. 51–60)

Noch versichern die Güllener Alfred Ill, er sei *die beliebteste Persönlichkeit* und werde *im Frühjahr zum Bürgermeister gewählt* (S. 57). Doch ihre Konsumgewohnheiten ändern sich: Sie kaufen mehr und bessere Waren und lassen anschreiben. Als plötzlich alle neue gelbe Schuhe tragen, dämmert Ill, dass jeder glaubt, einer werde ihn schon umbringen (vgl. S. 59f.). Entsetzen packt ihn, und er bewirft seine Kundschaft mit Waren. Währenddessen nimmt die alte Dame, frisch verlobt mit Gatte VIII, geruhsam ihr Frühstück ein und plaudert über ihre Ex-Ehemänner. Sie kann warten…

Freunde in der Not… (S. 61–85)

In den folgenden Szenen, in denen der verzweifelte Ill Hilfe bei den Repräsentanten des Staates und der Kirche sucht, ist Claire Zachanassian, auf dem Balkon ihres Hotelzimmers im Bühnenhintergrund sitzend, stets gegenwärtig. Dürrenmatt zeigt so, wie sehr das Angebot der alten Dame bereits das Denken und Handeln der Güllener bestimmt. Mehrfach tragen Roby und Toby Kränze und Blumen über die Bühne ins Hotel (vgl. S. 51, 71). In seiner Angst wendet sich Ill zuerst an den Hüter des Gesetzes.

Der **Polizist** trinkt Bier und empfiehlt gleichzeitig, den Fall *nüchtern* zu untersuchen (S. 62). Der Vorschlag, Ill zu ermorden, könne gar nicht ernst gemeint sein, denn der Preis von einer Milliarde sei bei weitem zu hoch. Oder aber die alte Dame müsse verrückt sein. Außerdem habe ja niemand versucht, Ill umzubringen. Die Beruhigungsversuche des Polizisten klingen wie der Text in einem Sozialkundebuch:

> *Die Polizei ist da, den Gesetzen Respekt zu verschaffen, für Ordnung zu sorgen, den Bürger zu schützen. Sie weiß, was ihre Pflicht ist. Sollte sich irgendwo und von irgendeiner Seite der leiseste Verdacht einer Bedrohung zeigen, wird sie einschreiten, Herr Ill, darauf können Sie sich verlassen.* (S. 65)

Aber Ill ist inzwischen misstrauisch: Warum hat der Polizist einen neuen Goldzahn, warum trinkt er neuerdings Pilsener Bier, und warum trägt auch er neue gelbe Schuhe? Ill begreift, womit der plötzliche Wohlstand auf

Pump bezahlt werden soll: mit seinem Tod. Den Ereignissen – dies wird immer deutlicher – liegt eine Art unausweichlicher Gesetzmäßigkeit zugrunde.

> *Die Stadt macht Schulden. Mit den Schulden steigt der Wohlstand. Mit dem Wohlstand die Notwendigkeit, mich zu töten.* (S. 65)

Mehrfach wird dieser Dialog durch Äußerungen der Claire Zachanassian unterbrochen, die zeigen, dass sie mit der ganzen Welt Geschäfte macht. Gleichzeitig liefern sie einen bissigen Kommentar zum Geschehen im Bühnenvordergrund.

Immer wieder wird in dieser Passage angedeutet, dass in Güllen bereits Ausnahmezustand herrscht: Das *Schoßhündchen* der Milliardärin – gemeint ist ein schwarzer Panther – ist ausgerissen und das *ganze Städtchen muß ihn jagen* (S. 66). Die Männer haben sich bewaffnet. Der Bürgermeister legt einen Revolver auf seinen Schreibtisch, als Ill zu einer Unterredung bei ihm erscheint.

Das **Stadtoberhaupt** versucht zunächst, Ills Ängste mit Hinweis auf Güllens humanistische Tradition zu zerstreuen: *Goethe hat hier übernachtet. Brahms ein Quartett komponiert. Diese Werte verpflichten* (S. 69). Doch als gerade eine neue Schreibmaschine geliefert wird, kann auch die Bemerkung, man lebe *schließlich in einem Rechtsstaat*, Ill nicht mehr beruhigen (S. 69). Eine Verhaftung Claire Zachanassians jedoch, wie Ill sie verlangt, kommt für den Bürgermeister nicht in Frage. Mehr noch – er macht das potentielle Opfer zum Angeklagten: *Sie haben schließlich zwei Burschen zu Meineid angestiftet und ein Mädchen ins nackte Elend gestoßen* (S. 70). So jemand könne natürlich nicht sein Nachfolger werden. Um zu verhindern, dass die Presse von dem Angebot der Zachanassian erfährt und so das Milliardengeschäft platzen könnte, solle man über *das Ganze* schweigen (S. 71). Während draußen immer neue Kränze herbeigeschleppt werden, nennt Ill die Dinge beim

Namen: *Keiner will mich töten, jeder hofft, daß es einer tun werde, und so wird es einmal einer tun* (S. 71).

Wie zur Bestätigung entdeckt Ill Pläne für ein neues Rathaus – seiner Meinung nach Indiz dafür, dass die Güllener ihn schon *zum Tode verurteilt* haben (S. 72): *Der Plan beweist es! Beweist es!*

Da Ill von den weltlichen Autoritäten nichts als verlogene, formelhafte Beschwichtigungen, aber keine wirkliche Hilfe erfahren hat, sucht er in seiner Not den **Pfarrer** auf. Auch der, eigentlich doch eher ein Vertreter der Gewaltlosigkeit, hat ein Gewehr umgehängt. Als Ill ihm seine Angst eingesteht, antwortet der geistliche Beistand allerdings genauso phrasenhaft unverbindlich wie der weltliche: *Man soll nicht die Menschen fürchten, sondern Gott, nicht den Tod des Leibes, den der Seele* (S. 74). Der Grund für Ills Angst liege in ihm selbst. Er solle sein Gewissen durchforschen, den *Weg der Reue* gehen, dann werde ihm schon die Kraft zuwachsen, die Furcht zu überwinden (S. 75).

Als eine neue Glocke ertönt, schreit Ill auf: *Auch Sie, Pfarrer! Auch Sie!* (S. 75). Angesichts des verzweifelten Ill gibt der Geistliche die Rolle des distanziert-coolen Theologen auf. Er duzt sein Gemeindemitglied plötzlich und beschwört Ill, zu fliehen: *Flieh! Wir sind schwach […]. Flieh, führe uns nicht in Versuchung, indem du bleibst.* (S. 75 f.)

Wie schon erwähnt, findet parallel zu diesen Unterhaltungen in Güllen eine Großwildjagd statt. Der schwarze Panther – so nannte ja Kläri Wäscher ihren Geliebten (vgl. S. 26) – wird gerade im Augenblick dieser hochdramatischen Warnung vor Ills Laden erlegt. Die Güllener wollen unter Leitung des Lehrers einen Trauergesang anstimmen, um Claire Zachanassian ihr Beileid anlässlich des Todes *einer so kostbaren zoologischen Rarität* (S. 77) auszusprechen, da taucht Ill auf, nun seinerseits mit einem Gewehr bewaffnet.

Der folgende Dialog zwischen Alfred und Claire beschwört noch einmal den Beginn ihrer Liebe, macht aber vor allem zweierlei deutlich: Claire Zachanassians Wille zur Rache ist unumstößlich und Alfred Ill kann oder will keine Gewalt anwenden, um sich zu retten, er *läßt das Gewehr sinken* (S. 79).

Wenn Staat und Kirche ihm nicht helfen, wenn er sich gewaltsam nicht wehren kann oder will, dann bleibt Ill nur die Flucht. Aber die Güllener haben Wind davon bekommen, dass sich Ill am liebsten nach Australien absetzen möchte, und versammeln sich am Bahnhof. *Das ganze Städtchen* will von ihm *Abschied nehmen* (S. 82). Dabei sei er doch nirgends so sicher wie in Güllen. Aber bitte, man wünsche ihm eine *gute Reise* und ein *schönes weiteres Leben* (S. 83). Die Güllener, denen Ill zum wiederholten Mal ihren plötzlichen Wohlstand vorgeworfen hat, scharen sich um ihn, bestreiten aber, ihn zurückhalten zu wollen.

Obwohl alle Güllener ihn auffordern, doch in den wartenden Zug einzusteigen, ist Ill wie gelähmt und bricht schließlich zusammen. Sein verzweifelter Ausruf beschließt den 2. Akt: *Ich bin verloren!* (S. 85)

3. Akt: Reich und moralisch!

Kein Verhandlungsspielraum (S. 86–91)

Claire Zachanassian hat soeben zum achten Mal geheiratet. Mit der Hochzeitszeremonie im Güllener Münster ist sie vollauf zufrieden; trotzdem ist die neuerliche Scheidung bereits eingereicht und Gatte IX im Anmarsch. Im Gespräch mit Lehrer und Arzt in der Peterschen Scheune geht es aber nicht um solche Nebensächlichkeiten wie Heiraten, sondern um Leben und Tod – und eine Milliarde. Wie Dürrenmatt in seiner Anmerkung zum Stück schreibt, gehen die Güllener bis zum Ende des 2. Akts davon aus, *es lasse sich alles schon arrangieren* (S. 143). Von diesem Optimismus beseelt, schlagen die beiden Herren der alten Dame vor, nicht *eine Milliarde zu verschleudern*, sondern hundert Millionen in die daniederliegende Güllener Industriebetriebe zu stecken, in das Städtchen zu investieren, *und unsere Wirtschaft, unsere Kultur blüht.* (S. 89).

So wären die *abendländischen Prinzipien* (S. 88) gewahrt, Ill bliebe am Leben, die Güllener könnten ihre Schulden bezahlen, und mit der Stadt ginge es wieder bergauf.

Aber zu dieser Vernunftlösung kann es nicht kommen, denn Claire Zachanassian will nicht helfen, sondern sich rächen. Der Idealismus der beiden Männer, die über die Jahre in der bankrotten Stadt ausgeharrt haben, wird aufs Übelste enttäuscht. Ihr Appell an den Geschäftssinn der reichsten Frau der Welt wird der Lächerlichkeit preisgegeben. Sie besitzt bereits alles in und um Güllen:

> *Ließ den Plunder aufkaufen durch meine Agenten, die Betriebe stillegen. Eure Hoffnung war ein Wahn, euer Ausharren sinnlos, eure Aufopferung Dummheit, euer ganzes Leben nutzlos vertan.* (S. 90)

Die Erinnerung an Ills Schandtat, aber auch an die Güllener, die der Hochschwangeren dereinst hämisch nachgrinsten, hat sie so unnachgiebig hart werden lassen. Mit dieser Frau gibt es nichts zu verhandeln; da helfen weder Appelle an die Menschlichkeit noch die Beschwörung der antiken Wiege unserer Kultur, auf die sich der Lehrer so gut versteht.

> *Die Welt machte mich zu einer Hure, nun mache ich sie zu einem Bordell. [...] Güllen für einen Mord, Konjunktur für eine Leiche.* (S. 91)

Volkszorn – die Stimmung schlägt um (S. 91–101)

In Ills modern herausgeputzem Laden kauft der Metzger Hofbauer ein Schlachtbeil und baut sich damit am einzigen Aufgang zur Privatwohnung auf. Ill, der seit Tagen im

Zimmer auf und ab geht, soll daran gehindert werden, den „herumschnüffelnden" Journalisten von Claires Milliardenauslobung auf seinen Kopf zu berichten.

Zwei Presseleute tauchen im Laden auf und präsentieren den anwesenden Güllenern zum Thema „Ill – Zachanassian" die ebenso seichte wie medienwirksame Story von dem Mann zwischen zwei Frauen. Ills Frau beeilt sich, zu bestätigen: *Es ist genau so passiert, wie Sie es erzählen* (S. 97). Die Heile-Welt-Vorführung, bei der die Pressemänner nur allzu gern mitspielen, hat ein Ende, denn (Regieanweisung): *Nun rafft sich der Lehrer auf.* Er hat zwar dem Steinhäger bereits intensiv zugesprochen, möchte aber *die Wahrheit verkünden, auch wenn unsere Armut ewig währen sollte* (S. 98). Die übrigen Güllener können das alkoholisierte Gewissen der Stadt nicht zum Schweigen bringen.

Der Vortrag des Lehrers wird aber von Ill selbst beendet, der anschließend artig, umrahmt von der glücklich strahlenden Familie, für ein Pressefoto posiert. Wieder unter sich, werden die Güllener deutlicher. Mit dem Brustton der moralischen Entrüstung halten sie Ill vor: *Was Sie Klärchen angetan haben, tut nur ein Schuft* (S. 101).

Läuterung und Schnaps (S. 102–103)

In dem nun folgenden Dialog mit dem Lehrer sagt Ill, dass er seine Schuld eingesehen habe. Er nimmt die Verantwortung für Klaras und sein Schicksal, aber auch für das Los der Eunuchen, das des Butlers und letztlich auch für das Milliardenangebot auf sich: *Alles ist meine Tat* (S. 103). In einem nüchternen Augenblick prophezeit der Lehrer Ill dessen Ermordung und, schlimmer noch, dass auch er daran teilnehmen werde. Um den Zusammenbruch seiner humanistischen Ideale und seine allmähliche Entwicklung zum Mörder ertragen zu können, trinkt der Rektor Schnaps – aus Ills Laden, auf Kredit, versteht sich.

Abschied in Etappen (S. 104–118)

Dürrenmatt meint, dass nur die Familie bis zum Schluss an ein glückliches Ende glaube (vgl. S. 144). Aber auch Ills Frau und Kinder genießen den Konsum auf Pump. Der Krämer selbst möchte wenigstens ein Mal einen gemeinsamen Familienausflug mit dem neuen Auto unternehmen.

Doch zunächst erscheint noch einmal der Bürgermeister. Der gewiefte Kommunalpolitiker bringt Ill ein Gewehr und fordert ihn unverblümt zum Selbstmord auf. Doch so leicht will Ill es seinen Mitbürgern nicht machen. Gerade weil er durch die Hölle gehen und seine Furcht allein besiegen musste, will er den Güllenern ihre Verantwortung nicht abnehmen. Er sagt aber zu, sich ihrem Urteil widerspruchslos zu beugen (vgl. S. 109).

Die gemeinsame Ausfahrt mit der Familie führt durch eine heile Welt: sauber, renoviert, blumengeschmückt, *Kinderlachen, Liebespaare überall* (S. 110). Die Tochter brilliert mit neu erworbener Bildung, die Mutter mit dem Pelzmantel. Ill steigt aus, um zu Fuß in die Stadt zurückzugehen, von der Tochter mit den beziehungsreichen Worten verabschiedet: *So long, Daddy* (S. 112).

Die folgende Szene mit Alfred Ill und Claire Zachanassian ähnelt ihrem ersten längeren Gespräch (vgl. S. 36f.). Gatte IX wird weggeschickt, und zwischen den Geliebten von einst entsteht eine vertraute Stimmung. Sie lassen ihre Jugendzeit an sich vorüberziehen: ihre Liebe und Leidenschaft, aber auch das kurze Leben des gemeinsamen Kindes. Alfred sieht seinem Tod gefasst entgegen: *ich weiß nur, daß ich ein sinnloses Leben beende* (S. 117). Das hinter ihrem Bedürfnis nach Rache liegende Motiv für Claires Handeln wird deutlich: Sie will ihren Traum von Leben, Liebe und Vertrauen wieder so real werden lassen, wie er in ihrer Jugend war. Deshalb glaubt sie, Ill vernichten zu müssen, denn er ist es, der sie und diesen Traum verraten hat (vgl. S. 117). *Adieu, Alfred. – Adieu, Klara* (S. 118).

Schauprozeß in Güllen (S. 119–134)

Vor laufenden Kameras und eingeschalteten Mikrofonen versammeln sich die Güllener. In rhetorischen Bravourstücken gelingt es dem Bürgermeister und dem Lehrer, das Angebot der Claire Zachanassian so verklausuliert vorzutragen, dass Uneingeweihte glauben, es gehe um die Zustimmung zu einer wohltätigen Stiftung und nicht um den Beschluss eines kollektiven Auftragsmordes: Es geht um *all die Ideale, die den Wert unseres Abendlandes ausmachen! […] Mit unseren Idealen müssen wir nun eben in Gottes Namen Ernst machen, blutigen Ernst* (S. 121). Bei der Abstimmung wollen alle Güllener einstimmig *reinen Herzens die Gerechtigkeit verwirklichen* (S. 124). Und weil's so schön war, lässt ein Kameramann das Ganze noch einmal wiederholen. Der Bürgermeister spricht vor, die Güllener wiederholen im Chor. Die Nähe zur Liturgie ist offensichtlich – nur auf Ills spontanes *Mein Gott!* muß die Wochenschau verzichten (S. 126).

Die Presse wird hinauskomplimentiert, und auf der abgedunkelten Bühne erfolgt Ills Hinrichtung. Er verbittet sich die salbungsvollen Worte des Pfarrers – der solle lieber für Güllen beten (vgl. S. 128). Der Verurteilte raucht die letzte Zigarette, dann muss er in die Gasse, die die Güllener bilden und an deren Ende der Turner auf ihn wartet. Als es wieder hell auf der Bühne wird, konstatiert der Arzt *Herzschlag*, was der Bürgermeister mediengerecht umformuliert: *Tod aus Freude* (S. 130). Claire Zachanassian nimmt den Leichnam mit – er wird in einem Mausoleum auf Capri beigesetzt – und überreicht dem Bürgermeister den Scheck.

Das Schlussbild ist eine *Apotheose* (Vergöttlichung, Verklärung) des Reichtums, ein *Welt-Happy-End* (S. 131f.). In Anlehnung an die griechische Tragödie bilden die Güllener zwei Chöre, die Wohlstand, Frieden und Freiheit preisen.

Über Inhalt und Thematik des erfolgreichsten aller Dürrenmatt-Stücke sind Sie nun informiert. Reicht das schon aus? Oder wollen Sie (weil Sie den »Besuch der alten Dame« gerade im Deutschunterricht lesen ...) Antworten auf die folgenden Fragen finden?

- Wer ist Friedrich Dürrenmatt?
- Was hat dieser Autor sonst noch geschrieben?
- Wie lässt sich die Handlung als Schaubild darstellen?
- Was ist zur Sprache dieses Stücks zu sagen?
- Was prägte die Fünfzigerjahre, die Entstehungszeit dieser tragischen Komödie?
- Wie kann eine Komödie tragisch sein? – Das ist doch ein Widerspruch!
- Was bedeutet ...? – Wort- und Sacherklärungen
- Was könnten Sie sich weiterführend anschauen? – Lese- und Filmtipps
- Wie kann »Der Besuch der alten Dame« interpretiert werden?
- Wie könnten Klausurfragen zu diesem Stück und wie Ihre Antworten aussehen?

Interessiert? – Dann nichts wie weiterlesen!

verklären: etwas oder jmdn. v. schöner, besser darstellen als es bzw. als jmd. ist / jmdn. v. göttlich, überirdisch darstellen /
(refl.) sich v. sich schöner, besser zeigen als in Wirklichkeit
jmdn. verklärt anschauen
jmdn. voller Glück, fast selig anschauen

Friedrich Dürrenmatt
*** 5. 1. 1921**
in Konolfingen
(Kanton Bern/Schweiz)
† 14. 12. 1990
in Neuchâtel (Schweiz)

Der Schweizer Friedrich Dürrenmatt gehört zu den ganz Großen der deutschsprachigen Nachkriegsliteratur.

Wie viele andere berühmte Schriftsteller und Philosophen (Jean Paul, J. M. R. Lenz, Schlegel, Nietzsche, Lichtenberg, Wieland, Lessing, Hesse, um nur einige wenige zu nennen) stammt Dürrenmatt aus einem protestantischen Pfarrhaus. Die Religion bringt ihm jedoch die Mutter nahe, während der Vater dem Jungen die griechischen Sagen erzählt.

Nach dem Abitur beginnt er, Philosophie – *Brutstätte meiner Schriftstellerei*[1] – und Germanistik zu studieren, hört aber auch naturwissenschaftliche Vorlesungen. Die angestrebte Dissertation erscheint ihm als *formaler Blödsinn*[2]; er bricht sein Studium ohne akademischen Abschluss ab.

Es sind Jahre der Unsicherheit und der Selbstsuche, aber die außergewöhnlich breite Anlage seiner Studien zeigt, dass es bereits dem jungen Dürrenmatt um ein umfassendes Verständnis unserer Existenz geht.

Dem der Antike entstammenden Ideal des allumfassend gebildeten Menschen entspricht es auch, dass Dürrenmatt zunächst eine Malerkarriere anstrebt, sich in den Jahren des Zweiten

1 F. Dürrenmatt: Turmbau, Zürich 1990, S. 130
2 ebd., S. 175

Weltkriegs dann aber dazu entschließt, Schriftsteller zu werden. Die Malerei gibt er indes nie auf: Zeit seines Lebens zieht er sich immer wieder gern an seine Staffelei zurück.

Die ersten Jahre als freier Schriftsteller sind nicht leicht. In dieser Zeit – 1947 – heiratet er die Schauspielerin Lotti Geisler. Nach deren Tod wird 1984 die Schauspielerin Charlotte Kerr seine zweite Frau.

Der große literarische Durchbruch gelingt ihm 1956 mit der tragischen Komödie »Der Besuch der alten Dame«; mit einem Schlag ist Friedrich Dürrenmatt ein weltberühmter Autor. Zahllose Literaturpreise, Auszeichnungen und Ehrungen für das dramatische Werk, aber auch für die Romane und die Hörspiele folgen. Neben der Schriftstellerei inszeniert Dürrenmatt an verschiedenen Theatern eigene und fremde Stücke.

Trotz seiner Erfolge hütet sich der Vielgeehrte vor allzu engen Umarmungen durch die Regierenden. Er ist weder für die Mächtigen der Welt noch für sein Publikum ein bequemer Zeitgenosse. Stets hat er sich gegen die Instrumentalisierung der Kunst für die Zwecke der Politik gewehrt. Sein Engagement gilt sowohl speziellen politischen Themen (z. B. der Ablehnung der Schweizer Armee und der Befürwortung eines zivilen Ersatzdienstes, der in der Schweiz erst 1991/92 eingeführt wurde) als auch dem generellen Protest gegen die bequeme Saturiertheit seiner Zeitgenossen und den Missbrauch von Macht.

Dürrenmatts Weltsicht wendet sich gegen politisch verordneten, zwanghaften Optimismus. Er ist ein Feind von Ideologien, die für ihn *Kosmetika der Macht*[1] sind. Noch 1990 betont er in einem Gespräch, dass der *Kampf gegen jede Form von Ideologien*[2] sein Werk von Anfang an begleitet habe. Geändert hat sich in der letzten Schaffensphase seine Einstellung zum Theater: Seine späten Schriften sind ausschließlich Prosawerke.

1 Monstervortrag über Gerechtigkeit und Recht, Frankfurt/M 1983, S. 50
2 Börsenblatt des Deutschen Buchhandels, 3/9. 1. 1990, S. 100

Dürrenmatts literarisches Werk umfasst als Gesamtausgabe dreißig Bände. Dabei hat er nicht nur als Schriftsteller, sondern auch als Regisseur und Maler gearbeitet.

Die Stoffe, die der Schweizer Autor in seinen Dramen und Prosatexten behandelt, sind vielfältig und erstrecken sich von der Antike bis zur Gegenwart. Immer wieder geht es um die Möglichkeit von Schuld und Verantwortung des Einzelnen, um das Kriminelle und die Verstrickungen der Macht. Es fällt auf, dass Dürrenmatt viele seiner Einfälle gleich mehrfach genutzt hat. Wir finden sie in den unterschiedlichsten literarischen Formen und sogar in Drehbüchern wieder.

Die folgende knappe Auswahl stellt in chronologischer Reihenfolge besonders erfolgreiche und bekannte Werke Dürrenmatts vor, die um die Fragen von Schuld und Sühne, Recht und Gerechtigkeit kreisen.

1950/52 **»Der Richter und sein Henker«**

Der alte Kommissar Bärlach hat vor vierzig Jahren mit einem gewissen Gastmann eine Wette über die (Un-) Möglichkeit des perfekten Verbrechens abgeschlossen. Jetzt treffen die beiden in einem Mordfall aufeinander …

1951/53 **»Der Verdacht«**

In diesem Polit-Krimi lässt sich der schwer kranke Kommissar Bärlach in die Klinik des Dr. Emmenberger einweisen, um dessen dunkle Vergangenheit als KZ-Arzt aufzudecken.

1956 **»Die Panne«**

Infolge einer Autopanne muss der Handelsvertreter Alfredo Traps seine Heimfahrt unterbrechen und nimmt die Einladung zu einem Herrenabend mit vier pensionierten Juristen an. Bei einem opulenten

Abendessen führen die Gastgeber dem bis dahin Nichtsahnenden seine Schuld am Herztod seines früheren Chefs vor Augen. Zur Erinnerung an den gelungenen gemeinsamen Abend wollen sie Traps am nächsten Morgen die schriftliche Ausfertigung des „Todesurteils“ übergeben, finden ihn aber erhängt in seinem Zimmer.

1957 **»Abendstunde im Spätherbst«**

Dem Nobelpreisträger und Schriftsteller Korbes ist ein ergebener Leser auf die Schliche gekommen: Alle 22 in den so erfolgreichen Romanen geschilderten Morde hat der Bestsellerautor höchstpersönlich begangen. Nun will der Hobbydetektiv sein Idol erpressen. Korbes tötet den lästigen Schnüffler kurzerhand: Stoff fürs nächste Buch.

1958 **»Das Versprechen«**

Kommissar Matthäi hat den Sexualmord an einem Mädchen aufzuklären. Sein logisches Vorgehen scheitert; er zerbricht an diesem Misserfolg. Am Schluss erfährt der Leser, wie ein Zufall den Kommissar um den Erfolg brachte: Der Mörder war bei einem Autounfall auf dem Weg zu einer von Matthäi gestellten Falle tödlich verunglückt.

1962 **»Die Physiker«**

Der Physiker Möbius versteckt sich freiwillig im Irrenhaus, um so zu verhindern, dass seine bahnbrechenden Entdeckungen zum Schaden der Menschheit ausgebeutet werden. Er bringt sogar eine Krankenschwester um, die seine Maskerade durchschaut. Doch alles ist umsonst: Die Chefärztin hat seine Aufzeichnungen heimlich kopiert und strebt mit ihrer Hilfe zur Weltherrschaft.

Vorgeschichte: Die 17-jährige Klara Wäscher erwartet ein Kind von Alfred Ill. Der leugnet mit Hilfe gekaufter Zeugen die Vaterschaft. Klara wird dadurch zur Prostituierten, dann zur

reichsten Frau der Welt, Ill wird Krämer in Güllen. 45 Jahre später kommt die *alte Dame* zurück. (Näheres zum Aufbau des Stückes s. S. 44ff. dieses Bandes)

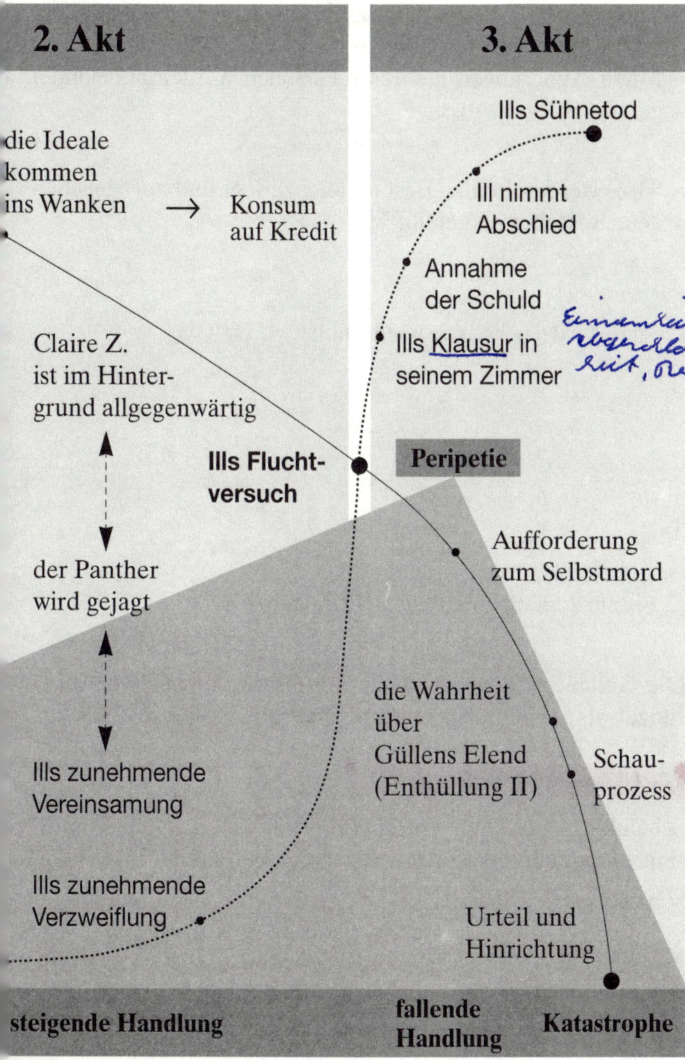

Merkmale

••• Auflösung der Dialogstruktur

Stichomythie (= Zeilenrede: Zeile für Zeile spricht eine andere Person):
- Kurze Äußerungen mehrerer Personen werden aneinander gereiht zu einer Aussage.

- Sätze werden in ihre Bestandteile zerlegt und auf verschiedene Sprecher aufgeteilt.

Gesagtes wird echoartig wiederholt…

…bis hin zum mechanischen Nachplappern.

Die Güllener treten vor allem mit ihren sprachlichen Äußerungen als geschlossene Gruppe, am Schluss sogar als Chor auf.

••• Gewollte Mehrdeutigkeit

Scheinbar eindeutige Formulierungen haben einen Hintersinn, der sich oft erst retrospektiv (= im Verlauf der Handlung) erschließt. Die Akteure sprechen aneinander vorbei.

Mitunter handelt es sich um mehr oder weniger deutliche Ankündigungen.

Textbeispiele

- Der Erste: *Ist aber Kläri.* Der Zweite: *Kläri Wäscher.* Der Dritte: *Hier aufgewachsen.* Der Vierte: *Ihr Vater war Baumeister* (S. 17).
- Der Maler: *Der D-Zug!* Der Erste: *Hält!* Der Zweite: *In Güllen!* Der Dritte: *Im verarmtesten* – Der Vierte: *lausigsten* – Der Erste: *erbärmlichsten Nest der Strecke Venedig–Stockholm!* (S. 21)
- Die Frauen bestätigen Ill, wie fest man zu ihm stehe: *Felsenfest, Herr Ill, felsenfest.* [...] *Todsicher, Herr Ill, todsicher* werde er zum Bürgermeister gewählt (S. 57). Gleich drei Güllener wiederholen, dass der Postbeamte ein *Ehrenmann* sei (S. 82); in derselben Szene – Ills Fluchtversuch endet am Bahnhof – fungieren die Güllener als Echo: *Das ganze Städtchen!* [...] *Als alte Freunde! Als alte Freunde!* [...] *Eine gute Reise, eine gute Reise!* usw. (S. 82–84).
- Koby und Loby, die geblendeten Eunuchen, wiederholen ständig im Chor ihre Aussagen (vgl. S. 32, 47 f., 97).
- Chor I und II gestalten die Schlussszene des Stücks (vgl. S. 132–134).

- Ill: *Schön, daß du gekommen bist.* C. Z.: *Das habe ich mir immer vorgenommen* (S. 25).
  Ill: *Nun wird sich alles ändern.* C. Z.: *Gewiß* (S. 38).

- das Jüngste Gericht auf dem Münsterportal (vgl. S. 24), der mitgebrachte Sarg (vgl. S. 31), die Bemerkungen über *Herzschlag, Todesstrafe* (S. 29 f.) und Erwürgen (vgl. S. 41)

••• Unterschiedliche Sprachregister und Redeweisen

Befehlston •

lakonisch (= kurz und treffend) •

pathetisch (= mit großer innerer Anteilnahme) •

lyrisch •

liturgisch (= wie im Gottesdienst) •

im antiken Versmaß •

euphemistisch (= beschönigend) •

hohler Berufsjargon: •
Polizist
Pfarrer
Bürgermeister

- typisch für C. Z. (oft in der Ihr-Form): *Tragt ihn in den Sarg* (S. 131); aber auch die Sprache des Polizisten: *Steh auf, du Schwein* (S. 129).
- Verschiedene Güllener zur Lage der Stadt: *Ruiniert. Die Wagnerwerke zusammengekracht. Bockmann bankrott.* [...] *Leben? Vegetieren. Krepieren* (S. 14). C. Z. bildet ihre Sätze oft ohne Subjekt: *Bin nicht umzubringen* (S. 40).
- Der Pfarrer: *Flieh! Wir sind schwach, Christen und Heiden. Flieh, die Glocke dröhnt in Güllen, die Glocke des Verrats.* (S. 75f.) Der Lehrer mit antikem Pathos: *Du enttäuschest mich, Töchterchen. Es wäre an dir zu reden, und nun muß es dein alter Lehrer tun mit Donnerstimme!* (S. 99).
- Alle Szenen, in denen sich Klara und Alfred ihrer Liebe erinnern (vgl. S. 37, 78f., 117), und Ills Schilderung der Güllener Umgebung: *Ein schönes Land, überschwemmt vom Abendlicht* (S. 111).
- Nach dem Urteilsspruch der Güllener: Der Bürgermeister „betet" vor, die Gemeinde spricht nach (vgl. S. 124–126).
- Das *Welt-Happy-End* mit den Chören der Güllener Frauen und Männer: *Ungeheuer ist viel* [...] (vgl. S. 132–134).
- Das Denkmal des *Architekten* Wäscher ist eine *Bedürfnisanstalt* (S. 27, 120). C. Z. stellt die Schönfärbereien richtig (z. B. Kartoffeldiebstahl, um die Kupplerin zu bezahlen, nicht um einer *armen alten Witwe Nahrung* zu verschaffen (S. 43). Ihre Sprache ist derb und direkt: *versoffen* (S. 26), *Visagen* (S. 36), *Rivierakram* (= die High Society, S. 72).
- *Die Polizei ist da, den Gesetzen Respekt zu verschaffen, für Ordnung zu sorgen, den Bürger zu schützen* (S. 65); *Das Gotteshaus steht jedem offen* (S. 73); *Wenn Sie kein Vertrauen in unsere Gemeinde zu setzen vermögen, tun Sie mir leid* (S. 69).

The Fifties: Rock'n'Roll und Restauration

Für die einen waren es die Jahre der Petticoats, der Elvis-Tolle und der offenen Chevrolets, für die anderen die Zeit des Wiederaufbaus und der harten Arbeit. Seit Mai 1945 war der 2. Weltkrieg beendet und in Europa herrschte so etwas wie Frieden, wenn auch die wachsende Spannung zwischen Ost und West die Menschen beunruhigte.

Seitdem die USA in Form der Marshallplan-Hilfe ihr Füllhorn – nicht ganz uneigennützig – über den westeuropäischen Staaten ausgeschüttet hatten, erlebten diese Länder einen ungeahnten wirtschaftlichen Aufschwung. In der Bundesrepublik Deutschland nahm diese Entwicklung für die Zeitgenossen mirakulöse Züge an, und man sprach vom deutschen „Wirtschaftswunder". Das Konterfei des zigarreschmauchenden Wirtschaftsministers und späteren Bundeskanzlers Ludwig Erhard wurde zum Markenzeichen für diese Ära, genauso wie Nierentischchen, Tütenlampen oder der VW-Käfer.

Die Wirtschaftsleistung wuchs von Jahr zu Jahr in einem atemberaubenden Tempo, und ab Mitte der Fünfzigerjahre herrschte Vollbeschäftigung. Die Menschen holten nach, worauf sie so lange verzichten mussten: Die Fresswelle brach über Deutschland herein.

Noch paradiesischere Zustände herrschten in Dürrenmatts Heimatland. Vom Krieg verschont, erlebte die Schweiz von 1952 bis 1958 eine einzigartige Boom-Phase. In seinem Roman »Justiz« beschreibt er die Schweizer Situation so:

> *Gegenwart (1957 n. Chr.): Große Teile der Bevölkerung leben beinahe sorglos dahin, gesichert und versichert, Kirche, Bildung und Spitäler stehen zu gemäßigten Preisen zur Verfügung, die Kremierung* [= Einäscherung, H.-M. M.] *erfolgt im Notfall kostenlos.*[1]

1 F. Dürrenmatt: Justiz, Zürich 1985, S. 54f.

In der Bundesrepublik Deutschland standen die Jahre des Wirtschaftswunders politisch ganz im Zeichen der Konservativen: CDU-Kanzler **Konrad Adenauer** regierte von 1949–63! Die weitgehende Wiederherstellung der alten Machtstrukturen (Restauration) in Westdeutschland wurde von vielen als verpasste Chance zur Neuordnung nach der Katastrophe des „Dritten Reichs“ empfunden. Zwar profitierten alle vom wirtschaftlichen Aufschwung, doch für einige – insbesondere die Kapitalbesitzer – fiel vom frisch gebackenen Wohlstandskuchen ein unverhältnismäßig großes Stück ab.

Die **Wiederbewaffnung** und der **Natobeitritt** der Bundesrepublik Deutschland (1955) erfolgten gegen den Willen einer starken Opposition im In- und Ausland. Doch die kritischen Stimmen wurden übertönt durch den Lärm einer auf Hochtouren laufenden Produktion, durch das Motorengeräusch immer zahlreicherer Autos und den Sound von Elvis Presley. Nur wenn Kofferradios und Musikboxen einmal schwiegen, kamen die Mahner zu Wort. Sie beklagten, dass die Überbetonung des Konsums und die einseitige Ausrichtung auf materielle Werte zur geistigen Verflachung führten.

Alles schien mit Geld machbar. Darauf gibt Dürrenmatts Stück die bitterböse Antwort; ursprünglich sollte »Der Besuch der alten Dame« denn auch den Untertitel »Komödie der Hochkonjunktur« tragen (vgl. S. 139).

Und noch einen anderen Aspekt der Fünfzigerjahre beleuchtet Kläri Wäschers Schicksal kritisch: Trotz allen Aufschwungs war das erste Nachkriegsjahrzehnt nicht nur politisch konservativ, sondern auch in Sachen Sexualmoral eine für unsere heutigen Maßstäbe eher altmodische Zeit. Ehescheidungen und allein erziehende Mütter waren viel seltener als heute und gesellschaftlich verpönt, die Antibabypille zwar erfunden, aber noch nicht in Gebrauch.

Dürrenmatt nennt fast alle seine Bühnenstücke „Komödien" und bekennt sich damit zu seinem literarischen Ahnherrn Aristophanes (etwa 445–385 v. Chr.), bei dem dieser Dramentyp zu einer ersten Blüte kommt.

Die Komödie
- lebt von der Komik, die durch den Kontrast des Gezeigten zum allgemein Gewohnten zustande kommt,
- desillusioniert, indem sie Schwächen entlarvt,
- kann bei der Entlarvung tragische Züge gewinnen,
- endet mit einem befreienden Lachen.

Dürrenmatts Vorliebe für Komödien

Die Komödie gehört zur **Gattung des Dramas**, das sich dadurch auszeichnet, dass der Autor eine dynamische, in Dialogen vorgetragene Handlung auf die Bühne bringt. Dabei reicht es nicht, zwei Menschen zu zeigen, die beim Kaffeetrinken über das Wetter, die Politik oder die Mode plaudern. Dramatisch würde diese Situation laut Dürrenmatt erst dann, wenn *der Zuschauer etwa weiß, daß in der einen Kaffeetasse Gift vorhanden ist, oder gar in beiden, so daß ein Gespräch zweier Giftmischer herauskommt*[1].

Typisch für Dürrenmatts Komödien ist die Einbeziehung tragischer Elemente. Sein Erfolgsstück »Der Besuch der alten Dame« nennt er ausdrücklich eine *tragische Komödie* – die Bezeichnung trifft aber auch auf andere seiner Stücke zu. Als Verfasser von **Tragikomödien** gelten vor Dürrenmatt u. a. Lenz, Kleist, Wedekind, Sternheim sowie sein Zeitgenosse Ionesco.

Dürrenmatts Vorliebe für Komödien ist mit seiner Sicht der Welt und der Rolle des Menschen in ihr verknüpft. Der Verlust einer für alle durchschaubaren und von allen akzeptierten

1 Theaterprobleme (s. S. 40), S. 111

Weltordnung mit ihren Werten und Mythen mache die Darstellung der heutigen Welt in der **Tragödie unmöglich**.

> *Die Tragödie setzt Schuld, Not, Maß und Übersicht voraus. In der Wurstelei unseres Jahrhunderts, in diesem Kehraus der weißen Rasse, gibt es keine Schuldigen und auch keine Verantwortlichen mehr.*[1]

Dürrenmatts Diagnose unserer Zeit ist finster, sein Therapievorschlag literarisch

Dürrenmatt glaubt, der Einzelne habe in der komplexen Massengesellschaft keinen Entscheidungsspielraum mehr und irre durchs **Leben** wie durch ein **Labyrinth**. Für ihn ist der Lauf der Welt nicht mehr kausal erklärbar, sondern nur noch **paradox**, als eine Kette von Zufällen und „Pannen" (zu »Die Panne«, vgl. S. 24f. dieses Bandes). Das Paradoxe ist aber nicht einfach das Sinnlose; vielmehr erscheint im Paradox die Wahrheit.

Dürrenmatts Kunst ist nicht resignativ; er will sich und uns vor der Verzweiflung bewahren, ohne allerdings billigen Trost zu spenden. Wir sollen in die Lage versetzt werden, die Welt in ihrem Widersinn zu erkennen und auszuhalten. Für Dürrenmatt steht die Welt als ein *Ungeheures da, als ein Rätsel an Unheil, das hingenommen werden muß, vor dem es jedoch kein Kapitulieren geben darf*[2]. Das Nachdenken über die Wahrheit stellt sich wie von selbst ein, wenn die objektive Realität ins Komische gesteigert wird. Die dazu notwendige Distanz, aber auch das Interesse der Zuschauer – Dürrenmatt spricht von der Komödie als *Mausefalle*[3] –, stellt die Komödie durch den originellen **Einfall** und den unglaublichen **Zufall** her. Damit Theaterstücke, die von der Gegenwart handeln, nicht zur kurzlebigen Reportage geraten oder sich vor den Karren politischer Interessen spannen lassen, müssen sie die Welt **grotesk** darstellen. *Das Groteske ist eine der großen Möglichkeiten, genau zu sein.*[4]

---

1 Theaterprobleme (s. S. 40), S. 122 2 ebd., S. 123 3 ebd., S. 124
4 Anmerkung zur Komödie (s. S. 40), S. 137

Wie aus Walt Lotcher Claire Zachanassian wurde

Bevor ein Text aufs Papier kommt, trägt der Autor seinen Stoff oft jahrelang mit sich herum. So verhält es sich auch bei Dürrenmatts Einfall, eine Person nach Jahrzehnten der Abwesenheit in ihr armes Heimatdorf zurückkehren zu lassen, wo sie den Bewohnern eine riesige Summe für die Ermordung eines Mitbürgers bietet. An dieser Story hat der Autor schon vor der Güllen-Komödie gearbeitet; in der endgültigen Fassung ist der Stoff als Novelle mit dem Titel »Mondfinsternis« 1981 erschienen. Der Hauptstrang der Handlung ist folgender:

Walt Lotcher kommt nach über vierzig Jahren aus Kanada zurück, wo er es zum Multimillionär gebracht hat. In seinem Schweizer Heimatdorf findet er Kläri Zurbrüggen, die ihm damals von Döufu Mani ausgespannt wurde. Lotcher erfährt, dass Kläri seinerzeit von ihm schwanger war und er Vater eines inzwischen vierzigjährigen Sohnes ist. Was ihn aber eigentlich interessiert, ist Rache zu nehmen. Deshalb will er den einstigen Rivalen töten lassen und bietet dafür 14 Millionen – eine für jede Familie.

Die Gemeindeversammlung beschließt, das Angebot anzunehmen; selbst das Opfer ist einverstanden: *er habe wie alle im Dorf das Geld nötig, er sei nicht so blöd, das nicht einzusehen, auch wenn es ihn das Leben koste.*[1] Bis zur Hinrichtung – sie wird als Unfall getarnt – vergehen Tage, und der millionenschwere Ankömmling lässt sich unterdessen Unmengen von Alkohol und fast die gesamte weibliche Dorfbevölkerung ins Bett bringen.

Schließlich wird der gemeinschaftliche Mord in einer Vollmondnacht verübt, wobei die Bauern durch eine plötzlich auftretende Mondfinsternis derart in Angst und Schrecken versetzt werden, dass sie auf die Knie fallen und beten. Doch als der Mond sich wieder zeigt, ist die Furcht besiegt, der Baum,

1 Stoffe (s. S. 40), S. 229

vor dem das Opfer sitzt, wird gefällt und begräbt Mani unter sich.

Lotcher verlässt das Dorf wieder. Unterwegs lässt er Kläri in seinen Cadillac steigen. Er gesteht ihr, dass seine Wut auf sie damals sehr schnell verraucht sei und er über das Dorf und seine Jugend erst wieder nachgedacht habe, als ein Herzinfarkt ihn wochenlang ans Bett fesselte. Seine Rache ist wie *eine ungeheure Gier, [...] noch einmal zu leben*[1].

Nachdem Manis Witwe ausgestiegen ist, erleidet Lotcher einen Herzanfall, sein Auto kommt von der Fahrbahn ab und er wird unter Schneemassen begraben. Was die Zukunft angeht, wird wahrscheinlich Kläri Recht behalten:

> *Ich sage Dir, Mani, in diesem Dorf wird es wie in der Hölle zugehen, wenn sie dich erschlagen haben, alle möchten dann übereinander herfallen wie die Wölfe, und es doch nicht wagen, aus Angst, jemand werde reden.*[2]

Dürrenmatt hat aus diesem Stoff ein Theaterstück gemacht, weil er darin eine bessere Möglichkeit sah, *Geld zu verdienen, als mit dem Schreiben einer Novelle*[3]. Entscheidend für die Konzeption des Stücks war dann die Bühnenidee: Angeregt durch die zweiminütigen Zwangsaufenthalte in unbedeutenden Orten, die der Fahrplan des Schnellzugs Bern–Neuchâtel ihm bescherte, lässt Dürrenmatt die erste Szene auf dem Güllener Bahnhof spielen. Daraus ergibt sich die Erwartungsszene, dann das verfrühte Eintreffen, der Einfall mit der Notbremse, und schließlich bringt die Frage, *warum eine so mächtige Person im Zug ankomme und nicht mit dem Wagen,* die Prothesen hervor: *Sie hat so viele Unfälle in Autos und Flugzeugen überstanden, daß sie nur noch in Zügen reist*[4].

1 Stoffe (s. S. 40), S. 258
2 ebd., S. 250
3 ebd., S. 216
4 ebd., S. 218

S. 15	*Brahms*	Johannes Brahms (1833–1897), dt. Komponist
	Ecole des Beaux Arts	Kunsthochschule
	Kondukteur	(schweiz.) Schaffner
S. 18	*Schulrodel*	(schweiz./bayer.-österr.) Schulakten
S. 22	*Sigrist*	(schweiz.) Küster, Kirchendiener
S. 34	*Parze*	die drei Parzen sind in der römischen Mythologie die Schicksalsgöttinnen
	Klotho	diejenige unter den drei Parzen, die die Lebensfäden spinnt; die zweite bemisst ihre Länge, die dritte schneidet sie durch
	Lais	berühmte Dirne im alten Griechenland
S. 41	*Bonmots*	(frz.) witzige Bemerkung, Wortwitz
S. 46	*Appellationsgericht*	Berufungsgericht, Gericht der 2. Instanz in der Schweiz
S. 59	*Ganghoferfilm*	Ludwig Ganghofer (1855–1920) schrieb zahlreiche Heimat- und Försterromane, nach denen entsprechende Filme gedreht wurden
	Graham Greene	engl. Schriftsteller (1904–1991)
S. 61	*Pascha*	früher Titel von hohen Staatsbeamten oder Offizieren in islamischen Ländern
S. 62	*Ike*	Spitzname für Dwight D. Eisenhower, 1953–61 US-Präsident
	Nehru	1947–64 indischer Premierminister
S. 64	*Die Lustige Witwe*	Operette von Franz Lehár (1870–1948), ironische Anspielung auf C. Zachanassian und Ills Frau
S. 67	*Sphinx*	Steinbildnis vor den Pyramiden in Ägypten, halb Löwe, halb Mensch
S. 72	*Onassis*	griech. Reeder und Multimillionär (1906–1975)

S. 72	*Aga/Ali*	Vater und Sohn Khan, steinreiche Mitglieder des Jetset
	Rivierakram	gemeint ist der internationale Jetset
S. 87	*Erster Korinther dreizehn*	1. Brief des Apostels Paulus an die Christen in Korinth; dort heißt es u. a.: *Die Liebe übt Nachsicht,* […] *sie rechnet das Böse nicht an.* […] *Die Liebe hört niemals auf.*
	Geiselgasteig	Standort der Bavaria-Filmstudios in einem Vorort von München
S. 90	*Medea*	Frau Jasons in der griech. Sagenwelt; tötet ihre Rivalin und ihre eigenen Kinder, als Jason ihr untreu wird
S. 92	*Saridon*	Kopfschmerzmittel
S. 99	*Ödipus*	trag. Held der griech. Mythologie, dem bestimmt ist, seinen Vater zu töten und seine Mutter zu heiraten
S. 110	*Messerschmidts*	Kabinenroller mit aufklappbarer Plexiglaskuppel
S. 111	*Adalbert Stifter*	österr. Schriftsteller (1805–68); der Text spielt auf Stifters stimmungsvolle Naturbeschreibungen an
S. 119	*„Ernst ist das Leben, heiter die Kunst."*	Zitat aus dem Prolog zu »Wallensteins Lager« von F. Schiller (1798)
	Die Frauen befinden sich im Zuschauerraum – auch dies Tradition.	in der Schweiz wurde das Frauenwahlrecht erst 1971 landesweit eingeführt
S. 120	*Traktandum*	(lat., schweiz.) Tagesordnungspunkt
S. 128	*der Prophet Amos*	Prophet im Alten Testament, der gegen Missstände wettert und Gottes Strafgericht ankündigt – u. a. gegen die, die *Gerechtigkeit zu Boden* stoßen (Amos 5, Vers 7)
S. 131	*Apotheose*	Vergötterung, Verherrlichung

Drei Bücher Dürrenmatts über Literatur und Theater werden in diesem Band mehrfach zitiert:

F. Dürrenmatt: **»Labyrinth. Stoffe I–III«** (detebe 22668, Zürich 1994, zuerst bei Diogenes, Zürich 1981; zit. als »Stoffe«); eine – mitunter etwas ausufernde – Mischung aus Autobiographie und Veröffentlichung liegen gebliebener Buchprojekte Dürrenmatts; betrifft die Zeit bis 1967.

F. Dürrenmatt: **»Die Welt als Labyrinth.** Ein Gespräch mit Franz Kreuzer« (Diogenes, Zürich 1986; zit. als »Die Welt als Labyrinth«); auf 59 Seiten Details aus F. D.s Kindheit, seine Gedanken über die Rolle des Menschen in der Welt, das Theater, die Politik …

F. Dürrenmatt: »Theater-Schriften und Reden«, (hrg. v. E. Brock-Sulzer, Arche, Zürich 1966); darin: **»Anmerkung zur Komödie«** (1952), **»Theaterprobleme«** (1954) und **»Vom Sinn der Dichtung in unserer Zeit«** (1956) – D.s theoretische Überlegungen zur Komödie im Entstehungszeitraum von »Der Besuch der alten Dame«.

Dokumente und Materialien, vor allem aber ausführliche Wort- und Sacherklärungen bietet **K. Schmidt**: »Friedrich Dürrenmatt. Der Besuch der alten Dame. Erläuterungen und Dokumente« (Reclam, Stuttgart 1975).

In dem **Film »Der Besuch«** mit Ingrid Bergmann und Anthony Quinn (Regie: **B. Wicki, 1964**) wird Ill (im Film Serge Miller) zwar der Prozess gemacht, doch das Todesurteil nicht vollstreckt, denn Karla (statt Claire) verzeiht dem Schwerenöter, den sie immer noch liebt: ein echtes Happy-End im Stile Hollywoods.

Die Aufzeichnung der **Uraufführung** mit Th. Giehse und G. Knuth in der Regie von **O. Wälterlin (1956)** und die TV-Inszenierung mit E. Flickenschildt (Regie: L. Cremer, 1959) werden immer wieder im Fernsehen ausgestrahlt.

Interpretation

»Der Besuch der alten Dame« ist nach Dürrenmatts Ansicht nicht nur sein *meistgespieltes Stück*, sondern auch sein *mißverstandenstes*[1]. Die außergewöhnliche Resonanz der Komödie, aber auch ihre Missverständlichkeit sind gute Gründe, die nun folgende Interpretation durchzuarbeiten.

In einem literarischen Text treffen die Leser auf Signale, die der Autor versteckt oder offen angelegt hat. Sie aufzuspüren macht das Lesen aus; die Arbeit der Interpretation ist es, Bedeutungen zuzuordnen und Bezüge herzustellen, deren Gesamtheit den Sinn des Textes ergibt. Dabei können bereits vorliegende Interpretationen und Diskussionen mit anderen helfen, immer aber geht es *um die persönliche Antwort, die ich auf ein Gleichnis finde*[2].

Anregungen für Ihre Deutung der Komödie finden Sie in diesem Kapitel unter den folgenden Überschriften:

1. **Porträts:** Kleinstädter mit Rachegöttin
2. **Konstruktionsmerkmale:** Aufstieg, Abstieg, Enthüllungen
3. **Gestaltungsmerkmale:**
3.1. Namen
3.2. Motive und Symbole
3.3. Paradoxes und Groteskes
4. **Probleme und Deutungsversuche:**
4.1. *Erzhure* (S. 102) als Erzengel – christliche Themen im Stück
4.2. Aktuelle Antike – liegt Güllen im alten Griechenland?
4.3. Goethe auf Claire Zachanassians Gehaltsliste? – Die *abendländischen Prinzipien* (S. 88)
4.4. Alle(s) käuflich – Kapitalismuskritik und Politikerschelte
4.5. Recht oder Rache? – Was will Claire Zachanassian wirklich?

---

1 Friedrich Dürrenmatt über F. D., in: Text + Kritik, Nr. 50/51, Juni 1980, S. 23 2 Die Welt als Labyrinth (s. S. 40), S. 58

1. Porträts: Kleinstädter mit Rachegöttin

••• **Claire Zachanassian**
einst *rotgelockter Wildfang* (S. 43), jetzt *reichste Frau der Welt* (S. 142) und versteinertes *Götzenbild* (S. 143); zu ihrem Äußeren vgl. S. 21f.

••• **Alfred Ill**
in der Jugend Klaras *schwarzer Panther* (S. 26), dann ein *verkrachter Krämer* (S. 38) und am Ende ein geläuterter Held

••• **Bürgermeister**
das passende Wort zu jeder Gelegenheit

••• **Lehrer**
Humanist (S. 99) und *Säufer* (S. 103)

••• **Pfarrer**
Worthülsen fürs Seelenheil

••• **Polizist**
der Mann fürs Grobe

••• **Die Güllener**
Menschen wie wir alle (S. 143)

••••• Als junges Mädchen schön und leidenschaftlich (vgl. S. 18, 117), jetzt körperlich (vgl. S. 39f.) und seelisch (vgl. S. 38) verkrüppelt; durch ihren Reichtum und ihre Lebensgeschichte wurde sie unerschütterlich, gnadenlos, zynisch.

••••• In seiner Jugend *stark und mutig* (S. 117, vgl. auch S. 79), aber auch durchtrieben und verantwortungslos (vgl. S. 46–48); am Anfang des Stücks geschäftlich und familiär unzufrieden (vgl. S. 38), nach der Abkehr der Güllener und den Tagen allein im Zimmer erkennt er seine Schuld (vgl. S. 102) und bekennt sich zu seinen Taten.

••••• Beherrscht ausgezeichnet den Politikerjargon und die Kunst, spontan Ideen in seine Reden einzubauen (vgl. S. 42–44); die ehrliche Entrüstung über C. Z.s Angebot wird schnell zur Verurteilung Ills (vgl. S. 70, 108).

••••• Der Rektor des Gymnasiums ist die moralische Instanz Güllens; Grundlage seines Denkens ist die Philosophie der Antike; er erträgt seine allmähliche Transformation zum Mörder nur alkoholisiert, ist aber in der Gemeindeversammlung am Ende des Stücks der Wortführer.

••••• Scheinheilige Phrasen ohne echte Anteilnahme prägen die Trostworte, die der Pfarrer für Ill bereithält; in der Sakristeiszene bricht eine menschliche Regung aus ihm hervor (vgl. S. 75f.).

••••• Hütet Ordnung und Gesetze, ist aber immer auf der Seite der Mächtigen und versucht, Ills Angst mit markigen Sprüchen zu zerstreuen; zeigt am Ende Züge eines übereifrigen Erfüllungsgehilfen: *Steh auf, du Schwein* (S. 129).

••••• *Sie sind nicht böse zu zeichnen* (S. 143); sie repräsentieren eine ganz durchschnittliche Gemeinde mit ihren Schwächen und ihrer schlummernden Gewaltbereitschaft; am Ende töten und konsumieren alle gemeinsam.

2. Konstruktionsmerkmale: Aufstieg, Abstieg, Enthüllungen

Wieso ist Güllen pleite, während rundum im Land die Wirtschaft boomt? Antwort auf diese Frage erhält der Leser/Zuschauer durch die schrittweise Enthüllung der Vorgeschichte im Verlauf des 1. Akts:

- Vor 45 Jahren hatte Alfred Ill ein Verhältnis mit Klara Wäscher (vgl. S. 18).
- Ill heiratete Mathilde Blumhard samt Krämerladen, und Klara wurde von Zachanassian aus dem Bordell geholt und geheiratet (vgl. S. 37).
- Der ehemalige Oberrichter Hofer und jetzige Butler Boby erzählt die Geschichte des Vaterschaftsprozesses von 1910 (vgl. S. 45–49).

Diese Mosaiksteine ergeben bereits ein gutes Bild der Beziehung Alfred–Klara, erhellen aber noch nicht, warum die Stadt bankrott ist. Diese Enthüllung ist Claire Zachanassian selbst vorbehalten und stellt die Peripetie des Stücks dar: Die Milliardärin hat seit Jahren den Ruin der Stadt und ihrer Bürger mit allen Mitteln betrieben (vgl. S. 89 f.). Der analytische Teil des Dramas wird mit dieser Offenbarung abgeschlossen, und von nun an läuft die Handlung systematisch auf Ills Tod hinaus. Die weiteren Erwähnungen der Vorgeschichte erbringen keine neuen Erkenntnisse mehr (vgl. S. 70, 96 f., 121).

Betrachten Sie noch einmal das Schaubild zur Handlung auf den Seiten 26/27. Es ist deutlich zu erkennen, dass die Handlung in der Umgebung des Schnittpunkts von Ills Fluchtversuch (Ende 2. Akt) und Claire Zachanassians Offenbarung (Anfang 3. Akt) ihren dramatischen „Knackpunkt“ hat. Wie die Spannung, so ist auch das moralische Verhalten Ills und das der Güllener als Kurve graphisch dargestellt. Die entrüstete und einmütige Ablehnung des Angebots, Ill für eine Milliarde zu töten, stellt den Höhepunkt moralisch einwandfreier Gesinnung dar (vgl. S. 50). Schritt für Schritt geht es dann abwärts: Die gesamte

Gemeinde wird allmählich korrumpiert, der Lehrer am Verkünden der Wahrheit gehindert (vgl. S. 99), Ill der Selbstmord angetragen (vgl. S. 108), am Ende von allen seine Hinrichtung beschlossen (vgl. S. 124, 126) und vollzogen (vgl. S. 129). Der moralische Tiefpunkt innerhalb des Stücks ist erreicht; wie das weitere Zusammenleben der Güllener sich gestalten wird, bleibt offen.

Nur eine Person verändert sich im Verlauf der drei Akte nicht: die alte Dame. Alfred Ill dagegen entwickelt sich, wächst über sich hinaus. In Dürrenmatts Worten:

> *Ist Claire Zachanassian unbewegt, eine Heldin, von Anfang an, wird ihr alter Geliebter erst zum Helden. Ein verschmierter Krämer, fällt er ihr zu Beginn ahnungslos zum Opfer; schuldig ist er der Meinung, das Leben hätte von selber alle Schuld getilgt; ein gedankenloses Mannsbild, ein einfacher Mann, dem langsam etwas aufgeht, durch Furcht, durch Entsetzen, etwas höchst Persönliches; an sich erlebt er die Gerechtigkeit, weil er seine Schuld erkennt, er wird groß durch sein Sterben (sein Tod ermangle nicht einer gewissen Monumentalität).* (S. 143)

Ill und die Güllener machen eine gegenläufige Entwicklung durch; der „Point of no return" liegt am Anfang des 3. Akts: Hier kreuzen sich die aufsteigende Linie (Ill ist seit Tagen nicht aus seinem Zimmer gekommen; in der Klausur reift in ihm die Einsicht in seine Schuld) und die fallende (mit Claire Zachanassian ist kein Kuhhandel zu machen; angesichts der Schulden der Güllener muss Ill umgebracht werden).

Über diesem Auf und Ab thront statisch die Milliardärin. Durch ihren Reichtum ist sie den Niederungen der bürgerlichen Gesellschaft enthoben:

> *Die Menschlichkeit, meine Herren, ist für die Börse der Millionäre geschaffen, mit meiner Finanzkraft leistet man sich eine Weltordnung.* (S. 91)

Dieses Entrücktsein wird in dem Balkonmotiv eindrucksvoll ins Bild gesetzt. Die andauernde Anwesenheit der alten Dame während des zweiten Akts *ist kein technischer Trick, sondern eine innere Verzahnung*[1] der Vorgänge in der Stadt mit der inneren Handlung, d. h. der Gewöhnung der Güllener an den Gedanken, einer werde Ill schon töten.

3. Gestaltungsmerkmale

3.1. Namen

Namen sind in Dürrenmatts Komödie – wie in vielen literarischen Texten – nicht bloß Schall und Rauch, sondern vom Autor beziehungsreich ausgewählt.

Zachanassian: Laut Dürrenmatt ist der Name *zusammengezogen aus Zacharoff, Onassis, Gulbenkian* (S. 141); es handelt sich bei diesen Herrschaften um einen Rüstungsfabrikaten, einen Großreeder und einen Ölmilliardär.

Klara (frz. Claire): (lat.:) die Berühmte, Helle, Reine; **Wäscher** verweist auf die kleinbürgerlich-schlichte Herkunft der Dame, die sich dann mondän *Claire* nennt; möglicher Hintersinn: waschen = reinigen, rein waschen.

Ill bedeutet auf englisch *krank*; in der amerikanischen Fassung des Stücks wurde deshalb aus Ill *Schill*.

Güllen: Gülle = Jauche; die neureichen Güllener wollen ihre Stadt zukünftig auch in *Gülden* (= aus Gold, die Goldene) umbenennen (vgl. S. 139).

Die Namen von Claires **Gatten und Gefolge** unterscheiden sich nur im Anfangsbuchstaben; sie hat ihnen allen einen neuen Namen aufgezwungen: *Eigentlich heißt er Pedro, doch macht sich Moby schöner* (S. 26). Eine solche Umbenennung war bei Sklaven üblich, deren ursprüngliche Identität somit

1 O. Wälterlin: Der Besuch der alten Dame, in: D. Keel (Hrg.): Über Friedrich Dürrenmatt, Zürich 1986, S. 159

ausgelöscht werden sollte. Damit wird angedeutet, dass alle Personen im Umfeld der Zachanassian austauschbar sind und als Individuen keine Rolle spielen.

3.2. Motive und Symbole

In der Literatur ist ein **Motiv** ein „Baustein“ des Stoffs (der „Story“), der oft mehrfach und in wechselnden, vom Autor meist bewusst konstruierten Kombinationen verwendet wird; ein **Symbol** dagegen ist ein „Sinnbild“, das über sich hinaus verweist.

»Der Besuch der alten Dame« steckt voller Motive und Symbole. Die folgende Auflistung beschränkt sich auf einige wichtige Beispiele.

Vom Beginn des Stücks bis zu seinem Schluss bilden die vielfachen Hinweise auf Güllens **kulturelle Tradition** und die Verpflichtung seiner Bürger auf **humanistische Werte** eine **Motivkette** (vgl. S. 14f., 50, 69, 87f., 98f., 119, 121). Vor allem der Lehrer demonstriert immer wieder die Verankerung dieses Denkens in der **antiken Philosophie und Literatur** (vgl. S. 34f., 90, 99, 103).

Die zweite Richtschnur, an der die Güllener traditionell ihr moralisches Handeln ausrichten, ist das **Christentum**. Der Repräsentant des christlichen Glaubens, der Pfarrer, macht allerdings von der ersten bis zur letzten Szene den moralischen Niedergang seiner Gemeinde mit.

Anspielungen, Zitate oder Verweise auf Kirche und Bibel finden sich quer durch das gesamte Stück:

- vgl. S. 18: *Gott zahlt nicht*
- S. 24: das *Münsterportal mit dem Jüngsten Gericht*
- S. 32f.: Gasthof *Goldener Apostel*
- S. 38: *die Hölle*
- S. 50: die Güllener sind *keine Heiden*
- S. 73–76: dramatischer Dialog Ill – Pfarrer
- S. 80: Plakat *Besucht die Passionsspiele in Oberammergau*

- S. 87: 1. Korinther 13 (s. S. 39 dieses Bandes)
- S. 95, 99: der Maler malt Christus
- S. 99: der Lehrer als trunkener *Erzengel*
- S. 124–126: Gemeinde und Bürgermeister plädieren in Form eines liturgischen Gesangs für Ills Tod
- S. 128: Prophet Amos (s. S. 39 dieses Bandes).

Neben den Hinweisen auf dic kulturellen und christlichen Werte bildet der **wirtschaftliche Aufschwung** einen weiteren **Motivstrang** in der Komödie.

Das bessere Essen und Trinken, die teureren Zigarren, die gepflegtere Kleidung (am Anfang in Lumpen, am Ende im Frack), Modernisierungen im Stadtbild, neue Autos, Geld für Tennis und Literaturstudium – das alles sind **Symbole**, die auf den plötzlichen **Wohlstand** der Stadt verweisen.

Claire Zachanassian will **Gerechtigkeit** und **Rache**. Die Frage, was denn überhaupt gerecht sei, ob Rache nicht neues Unrecht anstelle von Gerechtigkeit schaffe, durchzieht als **Motivstrang** das gesamte Stück (vgl. S. 24, 29, 43, 45–49, 70, 90, 109, 121, 124–126).

Ills Tod wird vielfach angekündigt, anfangs noch verschlüsselt, dann immer deutlicher (vgl. S. 24: das Jüngste Gericht, S. 29: Todesstrafe, S. 30: Totenscheine, S. 31: Sarg, S. 41: totlachen, S. 57: todsicher, S. 64: Die Lustige Witwe, S. 67: Raubtierjagd); dazu kommen die zahlreichen ausdrücklichen Forderungen und Zurückweisungen, Ill zu töten.

Die Jagd auf den **schwarzen Panther** – so hatte Klara ja ihren Jugendfreund früher liebevoll genannt (vgl. S. 26) – ist das symbolische Vorspiel zur Ermordung Ills (vgl. S. 26, 33, 60f., 66f., 73, 76f., 79).

Ein deutliches **Dingsymbol** im Hinblick auf Ills Hinrichtung ist das **Schlachtbeil**, das der Metzger bei Frau Ill kauft (vgl. S. 92). Die Presse lässt die Szene für einen Fototermin noch einmal nachstellen – der besseren Wirkung halber wird das *Mordinstrument* (S. 100) jetzt von Ill selbst verkauft.

> Motive, die der literarischen Tradition entnommen und wie ein Klischee in unseren Denkgewohnheiten verhaftet sind, nennt man **Topoi** (griech.: Topos = Gemeinplatz). Ein klassisches Beispiel für ein solches literarisches Muster ist der „locus amoenus“ (lat.: der liebliche Ort, der Lustort; typische Ausstattungsmerkmale: Bäume, eine Wiese mit Quelle und Blumen, Vogelgezwitscher).

Dürrenmatt bedient sich dieser Kulisse, wenn er Claire und Alfred über ihre Jugend reden lässt (vgl. S. 36f., S. 115); allerdings ironisiert er seinen Rückgriff auf die klassische Requisite mit einem Verfremdungseffekt (Bäume, Tiere etc. werden von Schauspielern verkörpert, die ansonsten Güllener Bürger spielen) und schafft so Distanz zur literarischen Tradition: *Vorweltstimmung, oft besungen* (S. 112).

3.3. Paradoxes und Groteskes

Sie wissen bereits, dass das **Paradoxe** in Dürrenmatts Denken eine bedeutende Rolle spielt (ggf. noch einmal S. 35 lesen). Er zieht ganz bewusst den unglaublichen Zufall der alltäglichen Normalität vor, denn das *Theater braucht Extremfälle, damit der Mensch darstellbar wird*[1]. Extremes ereignet sich nun allerdings gleich mehrfach in Güllen: Über die Jahre hin kauft eine Milliardärin eine ganze Stadt nebst allen Industriebetrieben und Heimatmuseum auf – und keiner merkt's. Die Dame überlebt ihren steinreichen ersten Ehemann, Autounfälle und Flugzeugabstürze und ist nach 45 Jahren noch so von Hass erfüllt, dass sie eine Milliarde auf den Kopf ihres ehemaligen Geliebten aussetzt und nicht eher ruht, bis dieser Mann tatsächlich umgebracht wird.

Dabei bleibt die Logik oft auf der Strecke, ja sie wird mit ihren eigenen Mitteln in ihr Gegenteil verkehrt, eben paradox: Der

1 Die Welt als Labyrinth (s. S. 40), S. 27

Polizist will Ills Ängste zerstreuen, indem er dessen an sich logische Argumentation kurzerhand für *unlogisch* erklärt (S. 63). Wer würde eine Milliarde für den Tod eines kleinen Krämers zahlen, wenn *so was* für *tausend oder vielleicht zweitausend* zu haben ist (S. 62)? Noch infamer verdreht der Bürgermeister die Tatsachen: *Ich drohe Ihnen nicht, Ill, Sie drohen uns* (S. 107).

Damit das Paradoxe auf der Bühne veranschaulicht werden kann, gibt Dürrenmatt ihm die Gestalt des Grotesken. Das **Groteske** bedeutet ursprünglich die Zusammenfügung von wesensfremden Elementen; im weiteren Wortsinn ist es das Bodenlose, das Unerhörte, das Monströse.

Die Erscheinung der alten Dame ist ein Paradebeispiel für Dürrenmatts Idee des Grotesken. Er benutzt den Begriff ausdrücklich in der Regieanweisung zu Claire Zachanassians erstem Auftritt: *eine Dame von Welt, mit einer seltsamen Grazie, trotz allem Grotesken* (S. 22). Das Lebendige und das Tote, das Natürliche und das Künstliche sind in ihrer Erscheinung im wahrsten Sinne des Wortes zusammenmontiert; sie trägt zugleich die Züge einer Rachegöttin und einer sehnsüchtig Liebenden; sie ist abgebrüht, mit allen Wassern gewaschen – und doch unheilbar tief verletzt.

Grotesk sind auch die Kastraten Koby und Loby und ihr mechanisches Geplapper. Grotesk der Einfall, der Klassenbesten ausgerechnet den Namen *Annettchen Dummermuth* zu geben, und die Idee, zur musikalischen Untermalung der *besinnlichen Minuten* den Mörder Roby Gitarre spielen zu lassen (S. 115). Grotesk schließlich der *Goldene Apostel* als Hinrichtungsort und Ills *Tod aus Freude* (S. 130).

4. Probleme und Deutungsversuche

4.1. *Erzhure* (S. 102) als Erzengel – christliche Themen im Stück

Ein Mensch begeht eine Sünde, bereut – wenn auch Jahrzehnte später – sein Tun und sühnt am Ende mit seinem Tod: eine durch und durch moralische Geschichte, wie es scheint. Aber auch eine christliche? »Der Besuch der alten Dame« enthält viele offene und versteckte Bezugnahmen auf das Christentum (vgl. S. 47f. dieses Bandes). Ist Claire Zachanassian also ein rächender Erzengel, der gleichermaßen einen einzelnen Sünder und eine ganze Stadt heimsucht?

Den strafenden Gott, der so unversöhnlich wie Claire Zachanassian ist, gibt es nur im Alten Testament; denn der zentrale Gedanke des Neuen Testaments ist ja gerade die Gnade und die Vergebung der Sünden, die durch den Tod Jesu am Kreuz ermöglicht wurde.

Ist Dürrenmatts Stück folglich ein ins 20. Jahrhundert verlegtes Passionsspiel mit Alfred Ill als moderner Christusgestalt? Immerhin nimmt er die Schuld allein auf sich und versteht seinen Tod durchaus als Sühne (vgl. S. 102f.). Zu dieser Haltung musste er sich allein durchringen, seine Furcht allein in der Klausur seines Zimmers besiegen. Die Parallelen zu Jesus im Garten Gethsemane sind deutlich. Möglicherweise ist sein Aufschrei *Mein Gott!* (S. 125) ein verstecktes Bibelzitat: *Mein Gott, mein Gott, warum hast du mich verlassen?* (Matthäus 27, Vers 46; Markus 15, Vers 34). Auch die einstimmige Verurteilung Ills durch die Güllener weist Ähnlichkeiten mit der biblischen Vorlage auf: *Kreuzige ihn!* (Markus 15, Vers 14).

Trotz dieser deutlichen christlichen Bezüge spricht vor allem der Komödienschluss gegen eine einseitig religiöse Auslegung des Stücks. Während nach christlichem Verständnis Jesus für alle Menschen stirbt, um ihnen das Seelenheil zu bringen, wird Ills Opfertod von den Güllenern allein auf den materiellen Vorteil reduziert. Sie sühnen nichts, sie bereuen nichts – sie konsumieren.

Wenn »Der Besuch der alten Dame« also, so gesehen, kein christliches Stück ist, so ist es doch eins, das sich intensiv mit der Rolle der christlichen Kirche auseinander setzt. Der Pfarrer als ihr Repräsentant kommt dabei allerdings überhaupt nicht gut weg. Insbesondere in der Sakristeiszene macht er deutlich, wie sehr ein in Leerformeln erstarrtes Christentum über das vermeintliche Seelenheil das Individuum in seiner existentiellen Not vergisst. Der Seelsorger gibt dem verzweifelten Ill – *Die Stadt bereitet sich auf das Fest meiner Ermordung vor, und ich krepiere vor Entsetzen* (S. 74) – Durchhalteparolen zur Antwort und empfiehlt ihm Gewissenserforschung:

> *Positiv, nur positiv, was Sie durchmachen. [. . .] Der Grund unserer Furcht liegt in unserem Herzen, liegt in unserer Sünde: Wenn Sie dies erkennen, besiegen Sie, was Sie quält, erhalten Waffen, dies zu vermögen. [. . .] Kümmern Sie sich um die Unsterblichkeit Ihrer Seele.* (S. 74f.)

Im Kern wird Ill dieser Empfehlung zwar folgen und tatsächlich daraus die Kraft gewinnen, gefasst seinem Sühnetod entgegenzugehen. Der Ansprache des Pfarrers fehlt aber jedes Mitgefühl. Kalt und zynisch lobt er den Klang der neuen Glocke, deren Finanzierung ja von Ills Tod abhängt; dann allerdings bricht eine menschliche Regung aus ihm hervor und er drängt Ill zur Flucht.

Dürrenmatt – selbst Sohn und Vater eines Pfarrers – hat in der Gestalt des Pastors die Allianz der Kirche mit Geld und Macht deutlich kritisiert – zu deutlich, wie seine Mutter meinte: Er müsse diese Szene unbedingt streichen. Dürrenmatts Vater wiederum, also den leibhaftigen Pfarrer, amüsierte sie[1].

4.2. Aktuelle Antike – liegt Güllen im alten Griechenland?

Natürlich spielt die Komödie in der Gegenwart, aber sie ist reichlich gespickt mit Verweisen auf die Antike (s. S. 38f. dieses Bandes). Schon ihrer Form nach ist sie der großen Sophokles-Tragödie »König Ödipus« verpflichtet: Beide Stücke haben eine analytische Struktur; das Unglück ist bereits vor Beginn der eigentlichen Dramenhandlung geschehen und wird allmählich enthüllt. Noch eine weitere Anleihe hat Dürrenmatt

1 vgl. Stoffe (s. S. 40), S. 178

bei Sophokles vorgenommen: Die Chöre der Güllener sind eine eindeutige Parodie auf den Chorauftritt im 2. Akt der »Antigone«. Die folgende Gegenüberstellung zeigt, inwiefern der veränderte Inhalt unter Beibehaltung der Form (so die Definition der Parodie) übertreibende, verspottende und kritische Wirkung hat.

Sophokles: »Antigone«	**Dürrenmatt: »Der Besuch...«**
Die Tragödie hat die Polis, den überschaubaren Stadtstaat zur Voraussetzung.	Dürrenmatts Komödien zeigen eine Welt, die für den Einzelnen nicht mehr durchschaubar ist (s. S. 34f. dieses Bandes).
Die Mitglieder dieser Gemeinschaft verbindet eine gemeinsame Weltsicht, derselbe Glaube an die Macht der Götter und die Wahrheit der Mythen.	»Der Besuch der alten Dame« zeigt, dass Glaube, Mythen und Traditionen sich in den Dienst des Geldes stellen lassen.
Die Katastrophe am Ende der Tragödie hat eine reinigende Wirkung (Katharsis): Nach dem Ringen der Prinzipien „Autorität des Staates“ (Kreon) und „Autonomie des Einzelnen“ (Antigone) wird die gültige, für alle verbindliche Ordnung als Orientierungshilfe vom Chor herausgestellt. Der Mensch kann alles beherrschen – außer den Tod.	Der Triumph der Claire Zachanassian und ihres Geldes bringt – außer für Ill – keine Läuterung für die Güllener. Sie sehen – nach anfänglichem Gewissensaufschrei – in ihrem Tun nichts Unmoralisches. Der Mensch ist orientierungslos: Die *abendländischen Prinzipien* (S. 88) rechtfertigen den Mord und den damit erkauften Luxus. Der Mensch kann alles kaufen – auch den Tod.

Der Vergleich macht deutlich, wie Dürrenmatts Analyse unserer Zeit und seine dramentheoretischen Überlegungen dem Stück seine unverwechselbare Form gegeben haben. In den *Randnotizen* schreibt er unter dem Stichwort *Tragödie:*

> *(antike) Form der dramatischen Kunst, die voraussetzt, daß die Gemeinschaft ein Recht habe, in einen feierlichen Chor auszubrechen. Die Gemeinschaft wird idealisiert.* (S. 140)

Zum Begriff *Komödie* merkt er an:

> *(moderne) Form der dramatischen Kunst, die voraussetzt, daß die Gemeinschaft kein Recht habe, in einen feierlichen Chor auszubrechen. Die Gemeinschaft wird kritisch betrachtet.* (S. 139)

Die Chöre in Dürrenmatts Komödie geben keine Leitlinien mehr vor wie ihre antiken Vorbilder, die dem Menschen seinen festen Platz im Kosmos zuwiesen. Die Chöre der Güllener stehen nicht über dem dramatischen Geschehen wie bei Sophokles, sondern sie segnen lediglich ihr eigenes Verhalten nachträglich ab. Die Anlehnung an die griechische Tragödie ist gemeint *als Standortbestimmung, als gäbe ein havariertes Schiff, weit abgetrieben, die letzten Signale* (S. 132). Damit will der Autor seine Komödie als ein aktualisierendes Weiterspielen der Sophoklestragödie verstanden wissen.

> *Die Katastrophe der Tragödie wird sozusagen noch weitergetrieben, indem jene Gesetzmäßigkeit, die die Tragödie unangetastet ließ, die Ordnung der Götter und die sittliche Kraft des Menschen, sich als Fiktion erweist.*[1]

Die Gegenwart lässt den klassischen Tragödienschluss, der den Einzelnen wieder ins Gleichgewicht zu Göttern, Gemeinschaft und Gesetz bringt, nicht mehr zu: *Bei Sophokles weicht die Pest*

1 M. Durzak: Dürrenmatt, Frisch, Weiss, Stuttgart 1972, S. 97, zit. nach Schmidt (s. S. 38), S. 82

zurück [in »König Ödipus«, H.-M. M.], *bei F. D. kommt sie erst; bei Sophokles ist der Einzelne ein Teil des Allgemeinen, bei F. D. nicht.*[1]

4.3. Goethe auf Claire Zachanassians Gehaltsliste? – Die *abendländischen Prinzipien* (S. 88)

Neben christlichen Werten und antikem Geist prägten auch Philosophen und Künstler späterer Jahrhunderte das, was wir Kultur des Abendlandes nennen. Goethe und Brahms sind berühmte Vertreter dieses kulturellen Erbes und in Dürrenmatts Stück müssen sie gleich mehrfach zum Beleg dafür herhalten, dass Güllen eine Kulturstadt ist (vgl. S. 14f., 69, 119).

So ist es auch nur folgerichtig, dass der Bürgermeister am Ende des 1. Akts das angebotene Kopfgeld im Namen der Stadt entrüstet ablehnt. Die ehernen Prinzipien werden im Lauf der Handlung zwar nicht außer Kraft gesetzt, aber doch so gründlich umfunktioniert, dass am Ende in ihrem Namen der Mord an Ill vollzogen wird.

Das markanteste Beispiel dieser moralischen Wandlung ist die Person des Lehrers. In seinem großen Auftritt in Ills Laden erleben wir seine Demontage (vgl. S. 98–103). Angetreten, seinen Mitbürgern gründlich den Marsch zu blasen, unterminiert er seinen hohen ethischen Anspruch vorab durch seine Trunkenheit. Trotzdem gelingt es ihm, die Lage auf den Punkt zu bringen:

> *Die Versuchung ist zu groß und unsere Armut zu bitter. Aber ich weiß noch mehr. Auch ich werde mitmachen. Ich fühle, wie ich langsam zu einem Mörder werde. Mein Glaube an die Humanität ist machtlos.* (S. 103)

Nun ist das humanistische Ideal nicht schon deshalb gestorben, weil sein engagiertester Verfechter sich dem Schnaps ergibt. Aber es hat nicht die Wirkung, die der Lehrer sich von ihm versprach. Claire Zachanassian scheint mehr von Idealen

1 Friedrich Dürrenmatt über F. D. (s. S. 41), S. 23

zu verstehen als der Schulmeister. Ihre Prophezeiung, Ills Kindern werde der Sinn für Ideale schon aufgehen, findet sie mit Blick auf Autokauf, Kinobesuch und Bildungsbemühungen der Illschen Sprösslinge bestätigt (vgl. S. 38, 113f.). Sie macht deutlich, dass auch der Besuch von Literaturkursen nicht vor dem großen Konsumrausch schützt, sondern ein Teil desselben sein kann (vgl. dazu auch den Beitrag des Lehrers im Schlusschor: *Lernbegierig lernen die Lernbegierigen,* S. 133).

Die Funktionalisierung der abendländischen Kultur führt zuerst der Bürgermeister vor, als er Ills Ängste unter Hinweis auf Güllens humanistische Tradition zerstreuen will: *Goethe hat hier übernachtet. Brahms ein Quartett komponiert. Diese Werte verpflichten* (S. 69). Die Berufung auf diese Kulturschaffenden ist an dieser Stelle rein ideologischer Natur: Es geht dem Politiker nicht um die humanistische Aussage in Goethes Werk, sondern allein darum, Ill loszuwerden.

Claire Zachanassian, die ja als junge Frau erfahren musste, wie wenig die humanistischen Ideale sie vor Unrecht und Schmach schützten, führt dem Lehrer und dem Arzt in der Peterschen Scheune genau diese Verlogenheit vor Augen. Der Lehrer pocht wieder einmal auf die *abendländischen Prinzipien*, räumt dann aber ein, dass die Güllener sich hoch verschuldet hätten. Demaskierende Frage der alten Dame: *Trotz der Prinzipien?* (S. 88)

Der Höhepunkt der Pervertierung der abendländischen Werte zum Zweck der Rechtfertigung eines Tuns, das diesen Werten diametral entgegensteht, ist die Rede des Lehrers in der Gerichtsverhandlung. Ort des Geschehens ist das Hotel, *in welchem Goethe übernachtete* (S. 119):

> *Die Freiheit steht auf dem Spiel, wenn die Nächstenliebe verletzt, das Gebot, die Schwachen zu schützen, mißachtet, die Ehe beleidigt, ein Gericht getäuscht, eine junge Mutter ins Elend gestoßen wird. Mit unseren Idealen müssen wir nun eben in Gottes Namen Ernst machen, blutigen Ernst.* (S. 121)

Dürrenmatts Kritik zielt nicht auf die humanistischen und christlichen Ideale an sich, sondern auf deren Inanspruchnahme für falsche Zwecke. Die Berufung auf die Prinzipien des Abendlandes ist allzu oft ideologisches Gerede – bis hin zur Perversion der ursprünglichen Inhalte.

Ein Blick in unsere jüngste Geschichte und Gegenwart zeigt, dass christliche Überzeugung, klassische Musik und Literatur allein noch nicht davor bewahren, ein Folterknecht oder ein Massenmörder zu werden.

4.4. Alle(s) käuflich – Kapitalismuskritik und Politikerschelte

Das Sittengesetz der Claire Zachanassian lautet: *Anständig ist nur, wer zahlt* (S. 91). Danach wären alle unanständig, Gott inbegriffen – denn *der zahlt nicht* (S. 18).

Die alte Dame kauft sich mit ihrem Vermögen *eine Weltordnung*, in der das Tötungsverbot aufgehoben ist und die traditionellen Moralvorstellungen Kopf stehen (S. 91). Die Herrschaft des Geldes in Dürrenmatts Stück ist schrankenlos; ist seine Komödie deshalb antikapitalistisches Theater?

Insbesondere aus marxistischer Sicht wurde »Der Besuch der alten Dame« als eine harsche Kritik am westlichen Wirtschaftsmodell interpretiert; es sei *die Demonstration der restlosen Zerstörung aller menschlichen Werte im Ausstrahlungsbereich des monopolistischen Kapitals*[1].

Die Bemerkung des Autors, dass sein Stück ursprünglich den Untertitel »Komödie der Hochkonjunktur« tragen sollte (S. 139), macht deutlich, dass dieser Text durchaus etwas mit den wirtschaftlichen Gegebenheiten seiner Enstehungszeit zu tun hat (s. S. 32f. dieses Bandes). Aber der Versuch, in Claire Zachanassian den personifizierten Monopolkapitalismus zu sehen, wird problematisch angesichts der Tatsache, dass diese

1 E. Kühne: Satire und groteske Dramatik. Über weltanschauliche und künstlerische Probleme bei Dürrenmatt, in: Weimarer Beiträge 4/1966, S. 557

N. und zum Vergleich verwenden, verändern verfälschen

Frau sich, verglichen mit den rein profitorientierten Handlungskriterien des „klassischen“ Kapitalismus, ausgesprochen unvernünftig verhält. Sie deutet zwar durch einige Bemerkungen an, millionenschwere Geschäfte zu machen, aber welche ökonomische Rationalität soll denn darin bestehen, Betriebe aufzukaufen, nur um sie stillzulegen (es geht nicht um die Ausschaltung unliebsamer Konkurrenz), oder gar eine Milliarde zu verschenken?

Auch die anderen stellen die marktwirtschaftliche Ordnung nicht in Frage. Die Erklärungsmuster, mit denen die Güllener zu Beginn des Stücks ihre desolate Finanzlage begründen, zeigen ein diffuses, kleinbürgerlich-reaktionäres Verständnis ökonomischer Zusammenhänge: Schuld sind in ihren Augen *Freimaurer*, die *Juden*, dazu *Hochfinanz* und der *internationale Kommunismus* (vgl. S. 17). Die zu neuem Leben erweckten Betriebe im Raum Güllen werden nicht sozialisiert, und die Güllener stellen den neuen Reichtum voller Stolz zur Schau.

Klara und die Stadt, die durch sie zuerst bettelarm, dann aber ungeheuer reich wurde, scheiden in bestem Einvernehmen. Niemand stellt die Macht des Geldes in Frage. Die Milliardärin hat den Güllenern zwar die Brüchigkeit ihrer Moral vor Augen geführt, aber die humanistischen Werte haben sich als so flexibel erwiesen, dass der Mord in ihrem Namen geschehen konnte. Darum haben die Güllener kein schlechtes Gewissen. Nur wir haben ein schlechtes Gefühl; denn offensichtlich haben die Güllener die besagten Wertvorstellungen um des Geldes willen pervertiert. Aber ist diese Versuchung nicht systemübergreifend? Sind Korruption und Klüngelei, verbrämt mit hohlen Politikerphrasen, nicht in jeder Wirtschaftsordnung zu finden?

Dürrenmatt selbst hat die einengende Deutung seines Stücks aufs Ökonomische zurückgewiesen: es sei *auch keine Parabal der Konjunktur, wie viele glaubten, sondern ein Weiterdenken von Motiven, die seit jeher das Theater beschäftigt hätten*[1].

1 Friedrich Dürrenmatt über F. D. (s. S. 41), S. 23

Korruption: Gerechtigkeit, moralischer Verfall

4.5. Recht oder Rache? – Was will Claire Zachanassian wirklich?

Claire Zachanassian bringt die ureigensten Themen des Theaters auf die Bühne: Schuld und Sühne, Liebe und Tod. Sie tritt in Güllen zunächst mit der Forderung nach Gerechtigkeit auf (vgl. S. 45, 49), gibt aber bald zu erkennen, dass hinter dem vorgeblichen Gerechtigkeitsstreben der Wunsch nach Rache steckt (vgl. S. 90). Doch so wenig, wie Rache geschehenes Unrecht ungeschehen machen kann, so wenig gelingt es Claire, ihr innerstes Anliegen zu verwirklichen. Claire behauptet, sie könne mit ihrem Geld die Zeit aufheben (vgl. S. 49). Sie gesteht Ill:

> *Ich liebte dich. Du hast mich verraten. Doch den Traum von Leben, von Liebe, von Vertrauen, diesen einst wirklichen Traum habe ich nicht vergessen. Ich will ihn wieder errichten mit meinen Milliarden, die Vergangenheit ändern, indem ich dich vernichte.* (S. 117)

Claire Zachanassian will also gleichzeitig zwei Ziele verwirklichen, die sich gegenseitig ausschließen: ewige Liebe und gnadenlose Rache.

Dieses Unterfangen ist paradox; denn das Objekt ihrer widerstreitenden Begierden ist ein- und diesselbe Person. Zwar kann sie am Ende ihren Alfred rein gewaschen von Schuld und eingesargt mitnehmen, doch ihr Ausruf *Er ist wieder so, wie er war, vor langer Zeit, der schwarze Panther* (S. 131) wird Lügen gestraft durch die Leiche des alten Mannes, die ihr zu Füßen liegt.

Die Zeit ist unerbittlich weitergelaufen, und Klaras Hoffnung, die glücklichen Tage der Jugend mit einer Milliarde wieder herbeizuzwingen, entpuppt sich als *Sehnsucht nach nicht erfüllbarer Liebe*[1].

Bleibt die Frage, inwieweit die alte Dame für Gerechtigkeit gesorgt hat. Ihr Rechtsverständnis fällt noch hinter das „Auge-um-Auge" des Alten Testaments zurück; sie übt maßlos Rache.

1 O. Wälterlin (s. S. 46), S. 161

Dabei würde Ill nach heutiger Rechtsauffassung überhaupt nichts geschehen. Zwar hat er einen Meineid geleistet und Zeugen bestochen – also Prozessbetrug begangen –, um sich damit der Verpflichtung zur Unterhaltszahlung zu entziehen, aber diese Straftaten wären nach 45 Jahren längst verjährt.

Gerechtigkeit ist ein durchgängiges Thema in Dürrenmatts Werken (s. S. 24f. dieses Bandes). Er hält die Justiz nicht für fähig, die Wahrheit herauszufinden und Gerechtigkeit zu üben, ja, er bestreitet generell, dass menschliche Gesellschaften gerecht sein könnten. Immer wieder macht er seine Skepsis deutlich, am pointiertesten in seinem Roman »Justiz«. Dort heißt es über die Wahrheit: *Sie spielt sich in Etagen ab, die für die Justiz unerreichbar sind.*[1] Allein der Einzelne kann unter Umständen seine Schuld erkennen, sie sühnen und so zu einem Gerechten werden. Das führt der Autor exemplarisch an Alfred Ill vor.

1 Justiz (s. S. 32), S. 276

Aufgaben mit Lösungstipps

So oder so ähnlich könnten Klausuren oder Hausaufgaben aussehen, die Sie im Zusammenhang mit dem »Besuch der alten Dame« zu bearbeiten haben. Denken Sie immer daran, dass jedes Lesen eines Textes eine persönliche Auseinandersetzung bedeutet: Patentrezepte gibt's nicht.

? Aufgabe 1

Ist Ill ein „mutiger Mensch" im Sinne Dürrenmatts?

Die Fragestellung bezieht sich auf folgendes Zitat aus »Theaterprobleme«: *Es ist immer noch möglich, den mutigen Menschen zu zeigen*, in dessen Brust *die verlorene Weltordnung wieder hergestellt*[1] wird.

! Lösungstipp

Ill erscheint uns zunächst gar nicht mutig, sondern angsterfüllt: *Er beginnt die Kundschaft mit Waren zu bewerfen* (S. 60), er zittert (vgl. S. 61), *Ich fürchte mich* (S. 68, 73, 78), *ich krepiere vor Entsetzen* (S. 74). Angst *klebt an den Gegenständen* (S. 137). Aber Ill erkennt seine individuelle Schuld (vgl. S. 102ff.), besiegt seine Angst (er wird nicht furchtlos, aber er handelt trotz seiner Furcht), spricht am Ende ehrlich mit Klara und begreift seinen Tod als gerechte Sühne. Damit relativiert Dürrenmatt seine Behauptung, es gäbe in *der Wurstelei unseres Jahrhunderts* keine Schuldigen mehr (s. S. 35 dieses Bandes): *Schuld gibt es nur noch als persönliche Leistung*[2].

Der Zuschauer/Leser freilich kann Ills Hinrichtung und den Triumph der alten Dame und ihres Geldes nicht als gerecht

1 Theaterprobleme (s. S. 40), S. 123
2 ebd., S. 122

empfinden. Das folgende Dürrenmatt-Zitat zeigt uns, wo wir den Grund für unser Unbehagen zu suchen haben: *Der einzelne hat die Welt zu bestehen. Von ihm aus ist alles wieder zu gewinnen. Nur von ihm, das ist seine* ***grausame Einschränkung***[1]. Die Gemeinschaft wird durch Ills Tod nicht frei von Schuld, im Gegenteil, sie lädt neue Schuld auf sich. *Sein Tod ist sinnvoll und sinnlos zugleich* (S. 143). Die Weltordnung kommt zwar für Ill ins Lot, nicht aber für Güllen. Damit wird deutlich, dass die Konzeption des *mutigen Menschen* bestehende Konflikte zwischen Individuum und Kollektiv nicht harmonisch lösen kann, sondern ins Paradoxe steigert und so Momente der Tragik im Komischen aufscheinen lässt (vgl. 34f., 54f. dieses Bandes).

? Aufgabe 2

Halten Sie den »Besuch der alten Dame« für ein aktuelles Stück?

! Lösungstipp

Oberflächlich betrachtet, ist das Thema der verführten und dann sitzen gelassenen Frau überholt: Frauen sind emanzipierter als 1910, die Sexualmoral ist freizügiger, die Empfängnisverhütung ist insbesondere durch die Antibabypille viel leichter und sicherer geworden. Mit Hilfe des genetischen Fingerabdrucks ist eine Vaterschaft zweifelsfrei nachweisbar. Es gibt immer mehr allein erziehende Mütter oder Väter. Trotzdem kommt es auch heute noch tausendfach zu ungewollten Schwangerschaften, die werdende Eltern vor existentielle Fragen stellen.

1 Vom Sinn der Dichtung in unserer Zeit (s. S. 40), S. 63 (Hervorhebung H.-M. M.)

Die eigentliche Aktualität des Stücks ist aber in seiner tieferen Thematik zu suchen: Verführbarkeit, Schuld und Sühne, Gerechtigkeit. Ihre Antworten sollten die dramatischen Veränderungen berücksichtigen, die sich derzeit in der Weltwirtschaft abspielen: grenzenlose Marktwirtschaft ohne lästige sozialistische Alternative, weltweite Konkurrenz auch der Arbeitskräfte, schärfere Trennung von Arm und Reich. Was gelten da noch die abendländischen Werte, das Christentum, die humanistische Tradition? Die Anfälligkeit für scheinbar einfache Lösungen wächst. Überdenken Sie die Ankündigung des Lehrers einmal in diesem Sinn: *Noch weiß ich, daß auch zu uns einmal eine alte Dame kommen wird* (S. 103). Beachten Sie auch historischen Parallelen zu der „Erklärung“, die die Güllener für ihre wirtschaftliche Notlage anführen (vgl. S. 17).

? Aufgabe 3

Nehmen Sie Stellung zu dem folgenden Zitat:

> „*Das Pathos der alten Dame ist dies lebenslange, zeitüberwindende Festhalten an der gemeinsamen Geschichte, an der Zusammengehörigkeit, und sei sie auch negativ.* […] *Der Film hat diese Geschichte zu einer Liebesgeschichte vereinfacht und vertieft* […]. *Und wenn am Ende des Films Ingrid Bergmann den schuldig gesprochenen Anthony Quinn begnadigt, so ist er sich der Zusammengehörigkeit (seiner Schuld) bewußt geworden und kann in diesem Bewußtsein ebenso weiterleben wie die Stadt, die nicht erneut schuldig werden muß. In dieser versöhnlichen Geste ist die Hoffnung auf Menschlichkeit für alle enthalten* […]. (H. Dittberner)[1]

1 H. Dittberner: Dürrenmatt, der Geschichtenerzähler, in: Text + Kritik (s. S. 41), S. 118

Lösungstipp

Zu der These, Dürrenmatts Stück sei eine Liebesgeschichte, vgl. S. 59f. dieses Bandes. Was den versöhnlichen Schluss angeht, wäre zu zeigen, warum diese *Hoffnung auf Menschlichkeit für alle* ein zu billiger Trost ist (vgl. Lösungstipp zu Aufg. 1: der Einzelne und die Gemeinschaft). Bedenken Sie auch folgendes Dürrenmatt-Zitat: *Eine Geschichte ist dann zu Ende gedacht, wenn sie ihre schlimmstmögliche Wendung genommen hat.*[1]

Aufgabe 4

Der Bürgermeister: *Wir spielen ein faires Spiel, das müssen Sie zugeben. Sie haben bis jetzt geschwiegen. Gut. Doch werden Sie auch weiterhin schweigen?* (S. 107)

Was würde geschehen, wenn Ill hier sagen würde: Ich verstehe. Ihr wollt alle meinen Tod, nicht aus moralischer Entrüstung, sondern aus Habgier. Ich sterbe nicht, damit Ihr besseren Schnaps saufen und edlere Zigarren rauchen könnt. Ich gehe jetzt hinaus und sage der Presse die Wahrheit.

Lösungstipp

Wie korrumpiert sind die Güllener bereits? – Vgl. Ills Laden im 3. Akt (S. 91–103). Welchen Eindruck machen die Presseleute auf Sie? Wie unabhängig erscheinen sie Ihnen? (S. 24: Reporter dinieren im Speisewagen; S. 92–98, bes. S. 97 sowie S. 100f.: Presse schreibt „artig“ über die Milliardärin, allenfalls zahmen Klatsch; S. 119ff.: Hofberichterstattung über den „Prozess“ und ungeprüfte Übernahme der Todesursache *Tod aus Freude* (S. 130). Nur der Lehrer glaubt an die Macht der Presse (S. 99), der Bürgermeister fürchtet sie immerhin (S. 106).

1 21 Punkte zu den Physikern, in: Die Physiker, Zürich 1980, Anhang